我是男生也是女性主義者

推薦序

選擇站在有益，而不是有利的那方
——男人也可以是女性主義者

范情／婦女救援基金會執行長

二〇一二年奈及利亞作家阿迪契（Chimamanda Ngozi Adichie）在TED演講，「人人都應該是女性主義者（We should all be feminists）」一語風靡大眾文化圈；二〇一四年英國影星艾瑪．華生（Emma Watson）推動聯合國 HeForShe 運動，指出女性主義讓女人和男人自由，邀請男性加入過去以女性為主的婦女運動。她們都提醒世界另一半人口，不能置身「性別」事外，但女性主義是從女性視角思考，看見女性在社會、文化結構中的受壓迫處境，進而改變父權社會文化，男性真的能體會女性處境？知名男性如前美國總統歐巴馬、英國男星班尼迪克（Benedict

Cumberbatc）皆宣稱是女性主義者，男人如何成為女性主義者？可以「同理」男性關心人權與弱勢者的素樸善良與正義良知，但如何與女性並肩同盟，改變社會？

既得利益者參與被壓迫者的社會運動多會遭質疑，男性是否能同理女性處境？只為學習一種思潮（女性主義已是一方顯學）？只是滿足自己解放需要（又落入服務男性、以男性需要為主的老套）？搶女性的話語權（女性就缺話語權，男性的麥克風拿得還不夠久嗎？）？藉此親近女性獲得「進步」美名？享受既有紅利，又藉女性主義者身份掌控、訓誨女性？

作者剖析個人歷程。從家族女性、男性的日常生活，看見母親受暴與憂鬱，看見女人成為人人口中的「壞媽媽」很容易，男人成為「壞爸爸」很難。為受迫者不平，不將性別處境視為理所當然，這是女性主義思考開端。

只憑善意與良心令人擔心，需要學習女性主義，不論為了不理解而學，或為突破桎梏，破解「男性特質」、軍隊、應酬文化。此外，作者也覺知男性身為非運動主要當事人，不僅經驗侷限，也不那麼迫切；同意女性主義運動由女性執行最有效率；男性提及女性主義，應避免越位指導；但，即使如此，眼見女性受壓迫，也不能走開置身事外。他以勇敢投身黑人人權運動的白人漸漸感化白人，為性少數者人權運動賣命的順性別與異性戀者，以及生理女性卻也可能批判女性主義者為例，說明成為女性主義者，無關性別，是一種「個人意志」。身為男性，維持父權制度，保持不變，可能對自己最有利，但「在恐懼與瘋狂支配的世界裡，沒有人能過得幸福」，「女性是歷史最悠久且為數最多的弱勢族群，若忽視這個問題，所謂的平等與和平都不得存在」，為長久生息，不選擇有利，而是選擇站在有益的一方。

作者曾因言論遭學生孤立，鬱悶沉默三年，直到二〇一六年首爾江南區「仇女」無差別殺人事件，震驚社會，但當局坐視改變契機流逝，使他決定不再沉默。少數非既得利益運動要成功，都必須改變多數既得利益階層的想法，需要改變的是男性，而男性最能排除與男性對話的說服障礙。作者說，女性主義的主體是女性，男性不應喧賓奪主「男性若想發揮女性主義者的功用，站在日常生活的最前線，與男性們對話吧，我的價值便是在此處閃耀。」從身邊做起，與八百位男學生一起，在男子高中傳播女性主義。

作者從敘述一路以來的反思，輔以研究統計呈現南韓女性處境，並分析南韓近年女性事件及網路社團輿論。面對激烈反挫力量，與學生一同對抗憎恨，如不滿被視為可疑的性侵犯該如何、人有多種交織身分……作者也解析課堂教材內容，分享各種可能影響學生及學校男性老師的方式。當# Me Too、# Time's Up運動掀起全球第四波婦女運動浪潮，本書是另類韓流，也是男性參與二十一世紀女性主義運動的參考。

推薦序

「先做人，再做女人和男人」——性平教育實際好用的教戰手冊

何撒娜／東吳大學社會學系 助理教授

關於性別議題，現在我們已經可以看到許多從女性角度與觀點出發的書籍，而如果我們從男性的角度來看，又會有什麼樣的風景？這本書就是從這樣的思維出發，嘗試帶領我們思考從男性觀點該如何面對性別、特別是女性主義的議題。如果您不曾想過這些問題、或是想過卻不知道答案，這本書恰好就是一本絕佳的解答，而且對於想要促進性別平等教育的人來說，更是一本很有啟發性的實用教戰手冊。

本書作者是男性，最初也不曾思考過上述那些問題，然而在看到母親一生為

了原生與婚後家庭所遭受到的不平等、受壓迫經歷，甚至晚年罹患憂鬱症之後，思考起這些問題。在求學期間受到學校同儕的啟發，開始這段學習女性主義的歷程。

作者認為男人普遍無法深入體會女性的生命處境，所以更要學習女性主義。在我們成長與求學過程中，整個社會制度的設計與氛圍裡，有太多對於女性不公平的事情。問題是，光憑著善意與良心是不足夠的，我們需要更多的知識，來理解到底這個社會發生了什麼事情。

成為一個任教於男校的男老師，作者崔乘範最初在推動性平教育的過程裡，承受了不少壓力，因此也就默默地、像其他人一樣地選擇閉口不語。然而，二〇一六年五月十七日在首爾江南地鐵站發生一起令人十分衝擊的殺人案件，犯人在讓六位男性離開公廁後，殺害了第七位，也是第一位走進廁所的女性。被逮捕的犯人雖表示，自己是因為被女性瞧不起才下手，但調查後發現，瞧不起他的人其實不僅是女性。他可以吞忍男性的藐視，卻無法忍受女性對他輕慢。讓人憤怒的是，隨後警方馬上以兇手個人「思覺失調」的名義定位這起案件，而失去了讓整個瀰漫「仇女」氛圍的社會能進一步省思並改變的機會。許多女性感到憤怒而到現場抗議追思，抗議現場卻見到極端仇很女性的網站 Ilbe 旗幟公然飄揚。

在韓國，身為女性從出生那一刻起，就受到許多不平等的對待。社會寬以待男，嚴以待女，這並不是感情用事的說法，而是有許多實際上的統計數據，作者花了許多篇幅來陳述這個事實。若我們對這些事情繼續保持沉默，我們就是共犯；若我們不沉默，也許可以改變這些社會不平等的現象。

對於作者來說，最好的實踐場域就是他任教的學校，因為每天都與八百位青春期、荷爾蒙分泌過盛的男學生在一起。在本書中，他分享了許多自己如何將性平教育融入到教學的例子，有趣又具有啟發性。例如他教韓國古典的小說〈蕎麥花開時〉，直接點出這是美化性侵害的作品；經典作品〈春香傳〉呈現的，是自古至今不論過去或現在，女性都是玩物的現實。〈謝氏南征記〉中，我們發現男性才是真正隱藏在整體事件後的犯人。我想許多在韓國教國文的男老師們，應該都會被這些現代意義下的嶄新詮釋所震撼。

真正造成性別對立與暴力的，不是男性，而是這個不公義的社會結構。當男性也受到社會結構的壓迫時，往往會錯誤地把憤怒發洩在比自己更弱勢的女性身上。與其造成對立憎恨，不如尋找一起成為夥伴的方法，讓男性們知道，解放女性，就是解放男性自己。也就是因為這樣，男性們在男性多的團體中更必須發聲，更積極地召集夥伴，為了一起好好生存下去而選擇對彼此最有益的策略與作法。

武漢肺炎疫情的最早吹哨人李文亮醫師曾說過：「一個健康的社會不該只有一種聲音。」然而更進一步的，本書作者說：「一個健康的社會應擁有許多傾聽他人痛苦的人。」讓不同的聲音能勇敢發聲、並被認真地互相傾聽，這是一個彼此療傷、共同邁向健康社會的重要途徑。

我相信，這些事情不只發生在韓國，在台灣也一樣存在。因此，不只韓國的男性們，我期望台灣的女性與男性們也都要好好地閱讀這本書，然後我們一起來思考如何能促成讓每個人先好好地做人、也能好好地做女人跟做男人的健康多元社會。

推薦序

男性參與的女性主義，以及女性主義在韓國

許怡齡／中國文化大學韓國語文學系副教授，
中國文化大學韓國學研究中心主任

本書以真誠而易懂的方式，述說了兩大重點，首先是「男性參與的女性主義」。作者從媽媽的人生開始、媽媽在家庭中的地位、世人對於「好媽媽」的期待等，揭示了男性為何也應該參與女性主義。

如果有人在男友或丈夫的立場上認為這個社會不需要女性主義，請仔細想想，媽媽的人生中是否有過那些困難的瞬間，像是因為身為女性而被要求負擔更多家事、忍受更低薪資、被迫為家庭放棄自我成就等。任何人都會希望自己的母親、姊妹、女兒生活在更公平自在的社會，為此，邁向女性主義的努力應該是跨性別

的。

本書的第二個重點，是書中具體傳達了「女性主義在韓國」的現況，包括相關社會事件、網路社群討論、韓國家庭內的實際氛圍，以及韓國女性主義者的諸多努力。我個人在韓國留學的近十年當中，也感受到韓國社會對男性及女性的期待，讓兩性都陷入僵化的框架，如女性為了家庭「理當」更加犧牲奉獻、犧牲個人成就；男性「理當」更有經濟能力、更堅強、不落淚。

這些看來理所當然的事未必真的理所當然，然而卻是我們面臨的真實現狀。或許會有人說，這些生活中的「不方便」雖然散布於生活各處，但我們也與之長期和平共存至今，需要這樣大聲疾呼「改變」嗎？回頭看人類的歷史，種族平等和男女共享公民權等現在看來極其當然的普世價值，當初也是由許多人的努力換來的。歷史把我們帶到現在這個時間點，亦有今世該有的創造。讀者未必要如本書作者，在家庭和職場（作者為高中老師）時時致力推廣女性主義；但在性別議題上建立自身的信念，絕對是所有讀者探索自我人生的一個有益過程，因為我們每個人、以及每個我們所愛的人都牽涉其中。

本書從作者的生命經驗出發，十分容易與讀者形成共鳴，故閱讀本書不需要任何對女性主義的事前知識，任何人都可以打開書，與作者開始這一趟韓國女性主義之旅；而最後提供女性主義延伸閱讀書單，則為讀者提供後續深度閱讀的有力支持。無論是不是女性主義者，無論是屬於何種性別，本書都能帶來啟發與反思，讓我們繼續生活中的信念與實踐，並感受到遠在韓國一位熱血同伴的真實人生。

目錄

推薦序

前言

第1章 母親與兒子

第4章 與八百位男學生一起

第5章　對抗憎恨的方法

後記

前言

男生當什麼女性主義者啊？

那是我二十一歲的時候，我問了在讀書會研讀女性主義的學弟。

「男生為什麼要學女性主義啊？」

聽完我的問題，他笑著回答我的神情與周圍的光景，至今仍歷歷在目，並給我衝擊。

「因為男生不懂，所以要學。」

其他男生向二十五歲的我問了。

「男生為什麼要學女性主義啊？為什麼要偏袒女生？」了解女性主義或研究過女性主義的人，也小心翼翼地向我詢問：「男生要做女性主義者，能理解的應該有限吧？」

我剛收到出書提案時，也說過類似的話，「我嗎？男生要怎麼出女性主義的書啊？」

我的幼年時期並不幸福。雖然喜歡拿紙手作玩偶的衣服，卻經常被長輩教訓，說我玩這個「跟女孩子一樣」。我覺得抓石子和翻花繩很有趣，但因為朋友們的嘲弄，而再也不敢表達自己想玩。我原本動不動就掉眼淚，卻因為「男生一輩子只能哭三次」這句話，抽泣著忍住不哭。我常聽到有人叨唸我是個太多話的男生，也因為身為一個男子漢大丈夫卻只喜歡待在家看書而備受擔心。我雖然羨慕女孩子，卻仍積極努力地「成為一個男人」。我走進運動場踢足球，和朋友們看色情片，打過幾次群架，也曾粗聲粗氣地飆髒話，被同儕認可的感覺曾十分美好。

長大成人後，類似的情形也不斷發生，不管到哪都少不了軍隊文化、暴力，以及淫詞穢語。讀大學時跟著學長，在任教的學校則跟隨其他男老師，我被帶到各式各樣的酒席，他們認為不到酩酊大醉，就無法成為互相坦率、赤誠相見的朋友。通常這些人在初次見面時，會先詢問對方的年齡，並在確認兄—弟、前輩—後輩的位階關係後，才敞開心胸與對方相處。遇到上級時，是嘴巴手腳不得空，而遇到後輩，則是錢包不得閒。雖然女性的生活之路也崎嶇不平，但男性的人生變成這副德性也實在令人疑惑，我一直十分好奇，男人為何會如此呢？

在認識女性主義後，我心中的疑惑一點一點地被解開了。在我學到殖民地男性被帝國男性打擊的自尊心，有以壓榨女性作為恢復手段的傾向後，我就理解了那些遇強則弱、遇弱則強的「大叔」們；並了解必須得到其他男人的認可，才能成為「真男人」的「同性友愛」[1]，也就是男人們用盡力氣交一個「能見人」的女友的理由。當我了解「男性養家模式（Male breadwinner model）」後，我便看透了由一名男性勞動者扶養整個家族，並在犧牲了一輩子而退休後，遭遇另一種更深層霸凌的架構。

若問暴力與效率概括而成的軍隊文化如何促進韓國的快速成長，「雖然連撒尿都不願朝向軍營，卻還是得當兵才能成人」這句話的矛盾心理便可說明。我對男性特質抱持的疑問，是由女性主義解開；並多虧女性主義，我才能面對自己完整的面貌。女性主義亦與男性生活相連，並能使男性獲得和女性同等的自由。

我是一名男子高中的老師，工作場所半徑二百公尺內，生活著八百位男性賀爾蒙高漲的「雄性」。雖然教室內充斥著髒話與力量的較勁，但其中並無惡意。若你問他們為何如此，最多數的回答便是「沒為什麼」，接著是「好玩啊」以及「看起來很屌」。人們說此時是一生中最血氣方剛的時期，甚至有些孩子會沒頭沒腦地喊出：「做愛！」即使這是再自然不過的慾求，但這樣的宣洩方式仍讓我覺得

---

1 Homosocial：同性中不以戀愛為基礎而保持的友好關係。

惋惜。到現在還有許多教室裡掛著「再多讀十分鐘，就能娶到更美的老婆」諸如此類把女性視為獎賞的班訓，這樣真的沒問題嗎？

雖然現在的高中生是活在第四次工業革命時代的新人類，但他們展露男性特質的方式，卻和「大叔」與「老頭」如出一轍，也就是粗暴地對待其他男性或性物化女性，這兩種方式之一。教室裡隨時都能聽見不知從何處學來的低俗字眼——「上」，孩子們爭相展現著粗魯行為與低俗言語的分量就代表了男性特質。而在這其中，像過去的我一樣內向、話多、淚腺發達的男學生，都會被認為是不正常的男人。

「男人看財產、女人看臉蛋」這種老一輩的錯誤價值觀，在十多歲的年輕人之間也十分普及，約會由男方出錢，女生就該愛撒嬌，帶有如此想法的人至今仍不計其數。然而這並非孩子們的錯，教育部在兩年之間耗費六億韓元編制，發行於二〇一五年三月的〈國家標準學校性教育標準方案〉寫著：「就男性付出較多約會費用的立場來看，他們必然會期待女性予以相應的回報，在這樣的過程之下，的確可能發生預期之外的約會性暴力。」如此的無稽之談。此方針不僅未能培養學生對性別平等的感受能力，甚至還助長性別暴力與性別角色扭曲的傳統觀念，而孩子們只是將老一輩不過如此的人權意識原封不動學下來而已。

雖然遊戲裡的男戰士們通常是穿著巨大盔甲勇猛地打鬥，但女戰士們卻是穿著露出半個胸部的服裝為男戰士治療。十多歲的青少年四人中，便有一人會收看網路自媒體節目（網路直播）[2]，但有許多直播主[3]將女性描述為宣洩性慾的出口。「如果死前都沒做過愛，那實在太委屈了，所以如果發生戰爭，就先衝破某某女高吧。」這句話便是這複雜環境下的產物。

因此，創造出這種環境、傳導錯誤性別意識的我們必須有所反省，我們必須

2 依據韓國媒體促進財團於二〇一七年一月三十日發表之〈二〇一六年十至十九歲青少年媒體使用調查〉，十幾歲青少年在網路自媒體節目的使用率為二六・七％。

3 又稱「實況主」、「網路主播」等，指網路直播節目的主持人。

從自我做起，努力以不一樣的方式再次審視自己。

二〇一七年為女性主義之年，以銷量超過五十萬本的《82年生的金智英》為起頭，無數的女性主義書籍開始被出版，書店內可看見女性主義書籍佔領一整年社會科學領域排行榜前段班的盛況。電視廣播領域則出現如（以下節目暫譯）〈刻薄男女〉、〈火熱的痛快〉、〈Body Actually〉等直接討論女性主義的教養與綜藝節目，另外像〈有差異的級別〉、〈說什麼是什麼〉等一般時事、教養節目當中，也介紹了相當比例的女性主義主要理論與未決議題。網路上發起的「#〇〇圈內性侵害」hashtag 運動，也揭露了各領域一直以來掩蓋的弊病和矛盾。另外為了對抗數位性侵害而封鎖「海螺網（Sora net）」的同時，一直以來遮遮掩掩的衛生棉與墮胎議題也浮上檯面。

然而這個現象並不侷限韓國，美國也熱烈展開了揭發性犯罪的「#Me Too」運動，遭知名演員、電影製作公司、企業高層、國會議員同僚等性騷擾的自白接二連三出現。女性的勇氣年代擴散到演藝圈、藝術圈、政治圈、經濟圈，震撼美國國內。美國周刊《時代雜誌》將這些參與運動的「打破沉默的人 The Silence Breakers」選為二〇一七年風雲人物，另外，眾人網路搜索的力量也讓出版美國線上辭典的韋伯字典（Merriam-Webster），將女性主義選為二〇一七年代表單字。

世界正在改變，女性主義逐漸融入保障普遍人權的歷史洪流，並非可閉上雙眼以鴕鳥心態迴避的議題。為了不成為「泡菜女」，女性們正努力擺脫曾自我束縛的自己，但男性們卻仍以約束女性，防止自己成為「韓男蟲[4]」。

我要向男性們提議，把那些壓制女性發聲的時間拿來自我反省，並學習女性主義吧，別因跟不上時代而被淘汰了，一起成為女性主義者，你失去的是男人箱子（Man Box）[5]，得到的將是全世界。

4 「韓國男子」加上「蟲子」的新興詞語，是用來貶低韓國男性的單字。

5 《Man Box》為作家托尼·波特用來比喻框架著男性之刻板印象的表現。

第1章

母親與兒子

我的家庭真奇怪。

大概是我十歲的時候，我發覺我們家有點怪。我的母親是地方上有名的保險規劃師，在分公司總是拿第一，也經常打進道[1]排行榜，並至首爾的總公司領獎。

母親的薪水與在高中任教的父親相比，約高了三倍，幸虧如此，既無繼承的財產，甚至由負債開始打拚的父母親，才能在給爺爺奶奶生活費之餘，還有能力將兩個兒子送到他鄉，並一路拉拔到大學，甚至住在寬敞的公寓，擁有兩台中型轎車。

母親總是最早起床準備早飯，下班回家、做完家事又最晚入睡。舉凡煮飯、洗碗、買菜、打掃等家事勞動都由母親負責，父親只有過節與祭祀時會拜訪岳家，但母親一星期卻至少要拜訪婆家兩次，帶公婆到醫院也都由母親包辦。

母親節儉的程度甚至連對自己都很小氣。她自己開著十年以上的小轎車，到市場買一萬韓圜（約台幣三百元）的鞋子穿，卻幫父親買好車、穿好的衣服，以維持父親的威嚴，然而父親卻不怎麼感激母親。

那一天，父親毆打母親的畫面仍歷歷在目，大姑姑、小姑姑還有叔叔家的人全都在。父親因為瑣碎的爭吵，而激動地抓起菸灰缸和電話砸向母親，並重踢她的腹部，狠踩她的胸口，造成肋骨骨折。父親受不了鬧脾氣的我，便抓起椅子砸向我，叔叔用身體替我擋下的畫面，如慢動作播放般，烙印在我腦海中。受到驚嚇的我和弟弟抓著父親的雙腿，哭著求他原諒根本沒做錯事的母親。

過了幾天，母親問我們，能不能接受她和父親離婚，我和弟弟又哭又鬧地大喊著不要。那天起，我們家的生活又恢復原來的樣貌，回到對三個男人而言無比安定，但對母親而言是驚險而殘忍的日常。

---

1 韓國的「道」相當於「省」之等級。

窮人家女兒的命。

母親出身極度窮苦的家庭，是夾在哥哥與弟弟之間出生的女兒，在七個兄弟姊妹中排行老五。外公雖曾是在北韓營運木工廠的資本家，卻因為戰爭而失去一切來到南韓。雖然當時的狀況就算是粗活錢也得賺，但他卻始終放不下讀書人的自尊心。

外婆在市場賣水果養活全家九口，家事則由放學回家的母親和阿姨們輪流負責，足足有四位之多的叔叔當中，卻沒有一個人動手幫忙過，而這樣的情形仍持續至今。每到年節，堂姊妹們的腳步移動到廚房，堂兄弟們則躺在電視前方，社會化使得這片光景過於自然，不禁讓人懷疑這是烙在基因上的印記。

一九六〇至一九七〇年代的成功大家庭模型，便是讓一個聰明的孩子（＝兒子）出人頭地，然後一人得道雞犬升天。全家人都將生死賭在四舅舅身上，母親雖比小一歲的弟弟更聰明，卻只能與阿姨們一同犧牲，朋友們上國中的那天，母親跑到家附近的後山大哭了一場。

母親在幾年後考了學力鑑定考試，雖然她想讀高中，但家裡不可能有這份餘力。她從十七歲開始，就一邊在法律事務所做行政助理，並同時就讀放送通信高中[2]，目標是先存個幾年錢，再去讀大學。但就在她連一年級都還沒讀完的時候，住在首爾的大姊便向她求助，她說會幫助母親在首爾讀大學，請母親到家中幫忙帶小孩。母親雖對離開故鄉有些猶豫，但看著因擔心大女兒而哭泣的外婆，心有不忍便接受了姊姊的請求。

就這樣，母親從十七歲到二十一歲的四年間，就住在龍山區的解放村，姪子從幼稚園回家前，母親就靠改考卷和組裝玩具賺錢。大阿姨答應讓母親讀大學的約定三番兩次推遲，因為若有這樣的餘裕，大阿姨當初就不會拜託母親照顧孩子，

1 透過廣播通信方式進行高中課程並取得學歷的教育機構。

自己出門賺錢了。

母親再度回到故鄉，在一間小規模建設公司做財務，與二十三歲時相遇的初戀於二十五歲時訂婚，就此住進婆家生活，從那時起，母親手上拿的，便從算盤變成飯鍋與洗衣板。那是個把媳婦當免錢奴婢使喚的年代。半年內母親便懷孕，並在三個月後舉行婚禮，而丈夫仍是尚未確定就業的大學四年級生。

生下頭胎後第四個月，身體尚未完全恢復時，母親又懷了第二胎。母親照顧接連生下的兩個兒子，身材很快就瘦了下來。原本像是願意從夜空上摘下星星給自己的男人，突然變得聽見孩子哭泣便不耐煩，母親就這樣將熟睡的丈夫留在房裡，胸口與背上各揹一個孩子，度過了無數個深夜。育嬰和家事理所當然被認為是女人要獨自承攬的工作，下班的父親一整天不做家事，在家裡就是對母親發脾氣，這樣的父親在當時並不算特別壞的丈夫，只是那個年代常見的普通男人，當時的男人，只要按時把薪水帶回家，不管做出什麼事都會被說是好丈夫。

最近許多老人家看見年輕男子請產假或育嬰假便覺得不順眼，指責他們：「我們當時沒有這些東西，也是好好把孩子養大了啊，最近的年輕人真難搞。」我想問問他們，他們和長大成人的孩子是否親近？是否因為孩子們只找母親，所以覺得寂寞？是否因無法融入家中的氛圍，而覺得自己格格不入呢？

公公也是個不容小覷的對象。僅在父母結婚時送了一斗米的爺爺，卻要干涉兒子夫婦生活的每件小事。因為母親的母奶量少，所以很早就開始餵我喝奶粉，爺爺不知是否因此有所不滿，總冷言冷語地說她讓人類的小孩喝牛奶，對母親百般刁難。生了老二之後，因負擔不起尿布錢而買洗衣機時，爺爺也叨唸母親，說以前不用機器也洗了幾十個人的衣服；爺爺說想看孫子，三天兩頭便打電話要我們回爺爺家，母親不敢違抗公公的話，便背上揹著弟弟，手上牽著我，每天搭公車來回。

女性主義思考的開端。

父親在大學是個眾所矚目的學生，指導教授不只一次勸說父親讀研究所，當時只要拿到碩士學位就能受聘當教授，並且能在任教時同時攻讀博士課程。雖然父親有意繼續攻讀，但當時的他是四人家庭中唯一的收入來源，若是讀了研究所便無法進入職場，就在父親打算放棄學業時，母親決定出門賺錢，她對父親說：「錢我來賺，你去讀書吧。」這是我五歲、弟弟四歲時發生的事。

有兩個小孩的三十一歲女性能做的工作不多，母親是從登門推銷電子產品的工作開始的，這個工作只要賣完分配額度即可自由運用時間，要照顧孩子也方便。母親就這樣到處按陌生人家的門鈴、拜訪不認識的店家，登門推銷電視、冰箱和洗衣機。人們的漠然和輕視使母親備感受辱，每當這種時候，她便會蹲在地上哭好一陣子。她每天在外屢遭曲折，常常崩潰，但或許是怕家人擔心，所以她在家從不把辛苦掛在嘴上。對母親而言，自己的人生總排在最後的順位，她總被要求將母親和妻子的身分放在比自我更優先的位置。

隔年開始，母親便投入保險規劃師的工作，雖然她是有五百位以上客戶的S級規劃師，但這份工作實際上卻只是情緒勞動的延伸，每位客戶難過的事、痛苦的記憶、困難的時節、光榮的日子，她都必須聆聽並給予共鳴，偶爾還要兼職司機或看護。注意客戶的喜喪事是最基本的，有時還得扮演媽媽的角色，參加客戶子女的運動會。大家都覺得母親就像是自己的媽媽一樣，因此十分喜歡她。然而，母親毫不保留地付出並無止境地承受，作為他人情感宣洩的出口，自己的情緒卻無處排解，她的內心該有多荒蕪呢？

母親的生活總是過得如火如荼。她在黎明破曉前便起床煮飯做羹湯，接著叫醒三個男人。父子三人的大小事都要問母親，「媽，妳有看到我的襪子嗎？」「媽，我要準備的東西買了嗎？」「老婆，有找到我的西裝嗎？」早晨出門的人到了太陽西下，便帶著疲憊的身軀回家，用完溫暖的晚餐，接著舒適地躺在沙發上看電視。這是下班後想到「家」，腦中會浮現的景象，因此人們都認為家是休息充電的空間，但這件事卻只限於男性，對深陷於獨自育兒與家事泥淖的人來說，家或許是比職場更可怕的勞動空間。找不著老鼠洞藏身的人生，沒有時間沉思的人生，在我們享受安逸人生的彼端，有個人忍耐著無限的苦痛，撐過這般歲月的母親，就是我們家的西西佛斯[3]。

就連十二歲的孩子眼中，也覺得母親看起來無比吃力，我想幫母親減輕痛苦，於是開始幫忙做家事。洗衣服、打掃、洗碗等級的家事，對我來說也不難，而且這麼做遠比看著母親帶著疲倦的神情下班、圍上圍裙走進廚房，並在忙完後蓋著被子躺在沙發上的樣子要好多了。

「兒子，謝謝你幫忙。」母親連我洗自己吃泡麵的碗都會跟我道謝。我覺得好奇怪，大家一起吃飯、大家都有穿衣服、都會把家裡弄亂，為什麼洗碗、洗衣服、打掃，卻是母親一個人的責任，我不能理解。

現在回想，那時可能就是我對於「女性主義思考」的開端。洗碗這件事很符合我的個性，將腦袋放空，專心擦洗碗盤，我就能找回心靈的平靜，摸一摸乾淨的碗盤，便能聽見悅耳的「咕溜」聲響。但父親卻對到了高三仍在洗碗的我說：「就是因為媽媽不按時做家事，你才會沒時間讀書。」

在我就讀國小的九〇年代初期，並不像現在一樣有這麼多雙薪夫妻，不懂事的兒子看見朋友的媽媽待在家而心生羨慕，纏著問自己能不能不去上班時，母親也只能不斷地向我道歉。我和弟弟總是最後一組留在操場踢足球的學生，比起在家裡玩，留在學校踢球更有趣，於是直到母親下班之前，我們都不會離開操場。在附近太太們的眼裡看來，這件事好像很令她們擔心，母親在家長聚會時經常受

3 西西佛斯：希臘神話中受罰之人，他必須將一塊巨石推向山頂，到達山頂的巨石會重新滾下，無限反覆，比喻永無止盡又徒勞無功的任務。

到指責，「顧一下孩子吧。」「兩個小孩都高年級了，好歹也要送去補習班吧。」母親明明沒做錯事，卻得經常對我們感到抱歉。

說來羞愧，但我也曾有過相似的偏見。不久前，我在深夜時碰巧遇見了地方上的女性政黨人士，我下意識地就問了，現在是誰在幫她顧小孩，當下我立刻反應過來：「哎呀，我說錯話了。」一直以來，我在深夜時遇過那麼多男人，但卻從來沒問過他們這種問題。我以為自己長年研究女性主義並自我反省，應已擺脫仇女情節的束縛，原來只不過是我的妄想，當了超過三十年的韓國男人，像呼吸空氣般吸入的仇女情節，已在我的思路下根深柢固，難以消逝。

中年女性的位置。

若想當個帥氣的中年男子？就必須擁有妻子。少了「內人」的關心和照看，沒有幾個韓國男人能逃過襪子破洞和褲腳破掉的命運，能穿上乾淨燙好的襯衫，通常要歸功於太太。

那如果想當個瀟灑的中年女子呢？那就必須沒有丈夫。不用忙著給人準備早飯，不用費盡心力照顧誰，家事與情緒勞動的負擔減輕一半以上，可以帶著「500英鎊」並待在「自己的房間」[4]，過上相對滋養的生活。

有一大學研究結果[5]顯示，妻子必須沒有丈夫才得以長壽，而丈夫則要有妻子才得以長壽，由此可明顯看出，以婚姻為名的剝削架構之下，誰是加害人而誰又是被害人。這就如同主人與奴隸的關係，丈夫需要妻子才過得上從容的生活，但妻子卻是沒有丈夫才能擺脫生活中的坎坷。

4 女性作家維吉尼亞・吳爾芙曾在作品中提到，女人若想創作，就必須擁有屬於自己的錢和房間，在此應為比喻女性的自主與自由來自獨立。（原文：A Woman must have money and a room of her own if she is to write fiction）。

5 《沒有丈夫的女性更長壽》，〈中央日報〉二〇〇二年十一月八日。

男性的生涯周期當中，並沒有會斷絕工作資歷的因素，但多數女性卻會因為經歷結婚、生育、育兒而失去工作，即使運氣好生存下來，也會遇到在升職時遭淘汰，或被排除在主要業務之外等不公平待遇。被斷絕工作資歷的女性能就業的地方，多為低薪或低技術的工作，即使是沒有被斷絕工作資歷的知識勞動者，有時也會因為身為女性而未受到合理的待遇。

有位在地方市民團體擔任共同代表的老師，在參與草根民主運動時累積了不少名聲，因此受到多處演講邀請。通常會找上她的人，生活狀況都差不多，因此她也不曾拒絕免費的邀約。然而，她卻在某一天得知，一般而言並不會對男性共同代表發出免費邀約的事實，人們認為她讀書、寫書、為大家發聲，只不過是一名高學歷女性的高尚興趣。她作為一名與丈夫共同承擔家計的人，站上演講台，卻因為身為女性，而不被認為是一名職業勞動者。

不論在哪一個社會裡，女性做的事總比男性多，這是因為家事勞動以極高的比例偏向女性。或許是因為雖然做了較多的工作卻拿到較少的報酬，女性的勞動總被視為瑣碎又次要的工作。在國家有需求時，會以「產業主力」的名號召集女性，但當失去用處後，又會最先把她們排除於勞動市場之外，獨裁開發時期的韓國有此現象，軍國主義時代的日本亦是，歐洲也曾在經歷工業革命與世界大戰時召喚女性，卻又馬上將她們取代。

在銀行上班的叔叔在公司與嬸嬸相識並結婚，雖然曾一時過著寬裕的生活，卻在遇到金融風暴時，成了公司勸退的對象。在兩人必須有一人放棄職場的情況下，嬸嬸在眾人預期之下辭職了。無數的中年女性們要到何時才能守住自己的位置呢？真是令人憐惜又惆悵啊。

其他家庭也都是這樣過？

我在整個國中時期都深受抽動（Tic）所苦，並且是單純突發性的動作抽動加上聲語抽動同時出現的妥瑞氏症候群。

我在學校裡被排擠，並常說自己想死，我總是鬱鬱寡歡，因為上學的壓力而每天早上嘔吐。每到星期三我便會早退去接受心理治療，母親雖然忙碌，仍會騰出空閒帶我去醫院。周圍那些以為抽動只是壞習慣的人，認為我是缺乏關愛才會如此，並把這件事怪罪給在外工作的母親。

然而，當人們聽到醫生說，使用真空吸引器的胎頭吸引術可能是造成抽動的原因之後，便改口認定這是產婦堅持要自然產的錯。不論是什麼狀況，責難總是朝著母親而去，一起生我養我的父親卻自在於九霄雲外。

人們一邊稱讚母親，卻又同時責怪她。因為她比丈夫更會賺錢而把她捧上天，又因為她沒有好好照顧孩子而對她指指點點；敬佩她把婆婆照顧得服服貼貼的同時，卻又因為她不與兄弟姊妹分享而感到氣憤；我們家能過得這麼舒適都是多虧母親，但兒子患有抽動症狀也是因為母親。我曾聽到一位親戚對母親說：「就是娶錯了大媳婦，家裡才那麼多令人擔心的事。」從此我就覺得，在韓國，身為女性而活，不只令人噁心作嘔，甚至是件低賤又悲慘的事。

要變成一位壞媽媽很容易，即使妳自然產生下孩子、苦於乳腺炎也親餵母乳、一一洗好並使用棉尿布，但要是小孩在媽媽覺得鬱悶而短暫外出的期間染上感冒，妳就會在一夕之間變成自私的母親。

要變成一位壞爸爸真的很難。即使你不管小孩哭不哭都摀著耳朵繼續睡覺，也從不消毒奶瓶或幫忙洗澡，但只要推著嬰兒車在家附近逛一圈，就會有人說你是位慈祥的父親。一百件事當中，只要做錯一件事，就會變成壞媽媽，但只要做對一件事，就能變成好爸爸，這樣的社會是不正常的。

父親經常對訴苦的母親說：「不是只有我們這樣啊，大家都是這麼過的，甚至還有很多更辛苦的家庭。」這句話沒有錯，看看周圍，大家的確都是這麼過。家門口的美容院老闆獨自賺錢養大兩個女兒，而她的丈夫只有在喝醉酒到店裡拿錢時才會偶爾露面。學校後門的洗衣店老闆要照顧癡呆症的公公，雖然老闆的丈夫平時是個好人，但卻會在生氣時扛著瓦斯桶出現。母親在保險公司認識的同事，多數人的另一半不是酒鬼就是外遇，或是沉溺賭博，他們透過暴力來挽回身為一家之主卻因為沒有收入而毀損的自尊心。有許多媽媽被無賴老公折磨糾纏卻仍養大孩子的堅強故事，但想找到角色對調的故事卻難如大海撈針，為什麼呢？

父親從小到大看著不和睦的父母，內心壓抑著不安和憤怒，「暴力是透過學習傳承給後代」的這句話，父親就是活生生的證人。他就像曾經掀翻餐桌並亂砸東西的爺爺，摔椅子、砸餐桌、推倒書櫃並砸爛電視。母親雖然偶爾也會大聲吼叫，但她怕讓孩子心靈受創，便馬上低頭認錯。母親這輩子對父親百般體諒並照顧他，但父親卻只把母親當做自己的媽媽或姊姊對待。

母親的憂鬱症。

一歲之差的兄弟接連從高中畢業並離家，母親雖難過卻也有所盼望，她想，二十年來忙著養兩個兒子，過著暈頭轉向的人生，接下來應該能跟丈夫兩人過著悠哉的生活了，卻同時也擔心，享受著撞球、釣魚、圍棋、高爾夫球等多樣興趣的丈夫，會如脫韁野馬般，更加沉浸於娛樂生活。然而不祥的預感並未出錯。

在外見到父親的人都說他是好人中的好人。雖然父親是個懂得風流的人，但一輩子為勞動所苦的母親卻不懂玩樂，雖然知道家中空無一人，但是除了家以外也無處可去。坐在電視前獨自晚餐，等待不知何時回家的丈夫，等到在沙發上睡著的日子不斷反覆，被空虛和孤獨纏身的母親，不久便得了憂鬱症。

打電話給母親問她「在做什麼」，十之八九會得到「看電視」的回覆，接著再問：「一個人嗎？」她便會回答：「嗯。」雖然我覺得難過又抱歉，卻也無話可說，我無法陪在母親身邊，也想不到母親在晚上除了看電視還能做什麼。當我正煩惱該聊些什麼時，母親就會像等待兒子電話已久的人一般，開始不斷地說話，好像是為了我，而把那些話嚴實地包裹起來，彷彿是現在不說，那些話便會永遠消失一樣，有許多話想對我說。

聊了好一陣子之後掛斷電話，我想像母親的失落感，悲傷便席捲而來。一定有哪些我不記得，但母親卻記憶深刻的瞬間，在肚子裡感受到的微小胎動、好不容易將哭泣的孩子哄睡的舒心感、因為孩子遲遲不退燒而坐立難安的某個夜晚、孩子一邊叫媽媽一邊搖搖晃晃走向自己的瞬間。看著一個完全依賴自己的生命體漸漸遠離自己，會是怎樣的感受呢？是不是像要承認深愛的戀人離去，卻必須祝福對方的心情呢？

許多媽媽在養大孩子後都會患上憂鬱症。數十年間追逐的生命目標，在一時之間消失，偌大的空虛感、主體混亂與自我崩塌便紛至沓來。這能責怪因為自我實現欲求被剝奪，而執著於兒女教育的母親嗎？在唯有子女成功才能獲得成就感的現實中，我們能嘲笑無法釐清自己和子女人生的母親們嗎？

母親獨自坐在黑暗空蕩的家中，經常回顧自己過去的人生，她遇見了一個可憐的女孩，一個無法活出自我，為艱苦的人生而疲憊的女孩。

第2章

學習女性主義的男人

單憑善意與良心令人不安。

我考上大學了，只在電視上看過的首爾生活就近在眼前。我的心充斥期待與悸動，好像要爆炸一般。開學前的二月中旬，我參加了在東草舉行的新生訓練，經過白天不冷不熱的相處，在太陽西下回到宿舍後，「反性別暴力自治條約」打破了尷尬的沉默，看起來比我們更緊張的學長向我們說明這個條約的宗旨，並提議要大家一起朗誦。

我們不向不願喝酒的人勸酒。
不要求其他人倒酒。
不發生肢體接觸。
不開和性別相關的玩笑。

不提出關係個人隱私的問題。
不稱讚也不貶低他人外貌。
不玩「國王遊戲」。
不對新生說半語。
就寢的房間以性別區分。（⋯）

反性別暴力自治條約陪伴了我整個大學生活，迎新會時也大大地貼在教室兩側的牆壁，宿營、校慶、農村實習時也都以朗讀條約作為活動的開始。根據活動性質以及參與人員的不同，條約內容和用詞也有所差異，因此制定文句也是籌辦活動的重要議題之一，我們經常會討論是否需要增減或修正條約內容，然而我們每次都這麼做並非認為這件事有重大的目的或必要性，純粹是因為學長姐這麼教，因為一直以來都這麼做，因為不能讓任何人覺得不自在。我以為所有大學都是如此，所以總是照著做，當時的我並不知道，自己便是在做這些事的同時，養成了性別平等意識與性別意識敏感度（gender sensibility）。

問題：當有菸蒂掉在地上時，我們該怎麼做？

針對這個問題，雖然大家都會回答：「要撿起來丟進垃圾桶。」但是實際上會撿起菸蒂的人是少之又少，腦袋理解不代表手腳會跟著行動。使道德觀念投射於行動的關鍵，在於讓身體熟悉，單憑善意與良心令人不安，但若加入強制性外力，又會衍生出扭曲的心態與矯揉造作。條約內容並無新意也不特別，就是些人一生中都必定聽過的話，那些腦袋理解卻不會付諸行動的規則。這樣的內容成為文字後反覆出現，便發揮了約束心靈的力量，並得以在方便、效率、好玩，但因為麻煩而想敷衍了事的狀況下施加壓力。雖然這些行為看起來有些死纏爛打，卻能讓我們在面對敏感卻又模稜兩可的玩笑時，以「這違反條約第○○條」這樣帶有弦外之音的玩笑話作為回擊。

就如同崔圭碩的網路漫畫〈錐子〉中的台詞：「在網子之下被隱匿的規則對威權是寬容的。老師您毆打學生並非不知暴力是錯誤的行為，您之所以敢下手，是因為大家都這麼做，因為一直以來都是這麼做，因為這麼做比較好過，因為這麼做也不會有事。」學生人權條例制定[1]之後，便有了能約束教師慣性暴力的法條根據，暴力教師們這才一一放下棍棒，而沒有條約規範的市、省教育廳[2]也開始察言觀色。雖然大家都說，是嫌麻煩才忍氣吞聲，但其實都是怕傷及自己才不敢作聲。性別暴力也是如此，學校每年都會向教職員收集「預防性別非法案件切結書」，多數人簽名時都帶著不情願的表情，也有人認為這麼做彷彿被看作是罪人而不願配合，但即使只是這樣令人不悅的感受，也能達到銘記效果[3]並形塑警惕之

---

1 學生人權條例是為了保障學生人權，而制定、公布，並施行於全國十七處市級、省級教育廳的條例。至二〇一八年二月為止，京畿道、光州、首爾、全羅北道教育廳皆已公布學生人權條例。

2 相當於台灣的教育局、教育部。

3 Imprinting：由外在環境刺激所造成的永久行為影響。

心，進而達到充分的預防效果。

我希望各領域皆能明訂並強調類似反性暴力自治條約的規章，與其在校門的碑石放上條列單字的校訓，不如加上具體的生活規則。我希望摘下殖民教育暨國家主義教育的殘骸——太極旗，並在那空位放上平等與和平憲章，或寫上世界人權宣言、學生人權條例、聯合國兒童權利公約的核心精神，雖然當下可能會有許多嘲諷的聲音，但這些內容必須經常被提出並實行可視化，因為有些人必須如此才能被看見，有些存在必須如此才不會被抹滅，因為國家的建立，是為了創造沒有孤立與歧視的生活共同體。

性侵害如何發生?

在我讀大學時，校內曾發生性侵案件。K 教授性侵案始於二〇〇一年十月，加害人K教授在系聚餐時騷擾並性侵研究生，校方急著息事寧人，於是刪除留言板上的告發文章並追蹤發文者IP位址。他們攻擊被害人的品行與人格，甚至提出這是對升遷與人事安排有所不滿的教授，在背後操控被害者的陰謀論，懲戒委員會直到隔年一月才召開，並在二〇〇三年三月才對K教授處以停職三個月此等不痛不癢的處分。

二〇〇三年，結束安息年[4]並復職的K教授又再度對被害人下手，學生會以拒絕聽課與媒體爆料做為應對，校方也依照案件後制定之〈性侵害暨性騷擾防治與處理規章〉，對「累犯」K教授進行解雇通知。雖然這次對K教授的嚴懲看似已是勢在必行，卻因為教育部教職員懲戒再審委員會（以下稱再審委員會）接受了他的求助，再度改以停職三個月的處分結案。

4 註：安息年源自於猶太人與《希伯來聖經》，指每七年須讓土地休息一年，而韓國教授也有安息年制度，時間為半年至一年不等，通常會進行研究或進修。

在眾怒未息之際，又發生了H教授案件，這次是在學術考察期間發生的性騷擾案件。多虧（？）K教授而建立的「兩性平等性別諮商室」接收了這個案件，而大學本部則由學生、教授、教職員組成了對策委員會。H教授在案件發生兩個月內便受到罷免處分，不過體現正義的喜悅也是短暫的，再審委員會這次也對加害人伸出援手，認為再審委員會是性罪犯救濟機構的批判也隨之大量湧入。被害人提出訴狀，檢方也開始進行調查，當著手進行二次調查的校方再度判下罷免決議時，再審委員會也採用了學校的判決。看著這兩個案件的同時總讓我寒毛直豎，畢竟H教授的案子就發生在我的所屬學系，不得不讓人繃緊神經。

直到十幾年過去的此刻，性暴力加害人的行動方式仍大同小異，他們利用權力或階級進行性侵，藐視被害者的問題，試圖息事寧人。當認為輿論對自己不利時，則利用有條件的免責式道歉法，說自己並無此意，但若讓對方有如此感受，則十分抱歉。而當司法處分迫在眉睫時，他們便會態度大變，嘗試模糊焦點，從對方的穿著、口紅顏色、人際關係當中雞蛋裡挑骨頭，並過度放大被害人的所屬群體，諷刺她們是讓整個群體蒙羞的「恥辱」，接著漸佔上風的加害人再以半威脅的方式，試圖達成和解。由一群中年男性組成的法庭，會大量採納加害人的立場，判下微不足道的處分，只有在輿論的憤怒讓法庭感受到壓力時，才會判下一般市民也能接納的刑罰。

可是這樣艱辛的過程，也要被害人提出勇氣才可能發生。調查過程中，被害人須不斷喚起那些不願回想的恐怖瞬間，偶爾還會受到調查官的二度傷害，需要面對加害人的情形也不勝枚舉。當案件發生在組織內部時，被害人通常會被孤立，有許多人承受不了偌大的精神煎熬，便選擇走上絕路。性犯罪已不屬於告訴乃論罪，判決量刑也漸漸提高，但性犯罪案件數卻仍連年上升，我們需要的是更根本的方法，特別是在教育方面。

善良的女人能上天堂，但壞女人卻能為所欲為。

學長姐們開始談戀愛了，他們是我過去就認為十分相配，並令我稱羨的人，我有幾次開玩笑地稱學姊為大嫂，但她卻板起臉孔對我說。

「在我談戀愛之前，我們不就很熟了嗎？我不是透過男朋友才認識你，也不想被稱作是某個男人的誰，你不經意的玩笑，就可能透露了你認為女性是附屬或次等的存在，請不要這樣稱呼我。」

我當下立刻道了歉。姊姊將鄭熙真[5]（暫譯）《女性主義的挑戰》（暫譯）一書送給我，並要我務必閱讀〈言語與性別歧視〉這個章節。這本書讀起來令人暈眩，擊潰我一直以來的所有認知，讓我發覺，多數的言語表現皆預設男性為人類基準，吵架時不假思索投擲出的種種話語，其實充斥無數的歧視。羅丹的雕像名為〈沉思者〉，那麼安格爾的畫作為何取名〈浴女〉[6]？為何柳寬順不被稱為「烈士」而是稱作「姊姊」[7]？為何造成女嬰墮胎的「惡習」——重男輕女——偏被稱作「思想」……疑問不斷地反覆，為何男人不會被叫做「破麻」？為何有「女中」卻沒有「男中」？無數個不及在此詳述的單字浮現在我的腦海中。

從此我對女性主義產生了興趣，並想著，或許研究女性主義，我就能解釋母親這輩子為何過著如此生活了，而這點也是最令我雀躍的。

文學院慶典前的夏末，學長姐們在爭執是否要重新舉辦扮女裝比賽。一派批判這麼做有性物化女性的疑慮，另一派則認為這只是有趣，無須反應過度。反方十分警戒另一方想用大胸和濃妝刻劃女性形象的作法，並提出韓國小姐選美比賽都因為性別商品化的爭議而變得有名無實了，沒有理由還在大學校園舉行女裝比

5 鄭熙真《女性主義的挑戰》，教養人，二〇〇五年，八〇至八四頁。
6 〈沉思者〉原文〈The Thinker〉，〈浴女〉原文為〈The Bather〉
7 柳寬順被喻為韓國的聖女貞德，曾參與三一運動，為獨立運動家。

賽，並以反對區分女性與男性特質作為根本論點，甚至宣示絕不容忍評價女性身材（女性化的身體）的行為。

我內心一驚，腦中浮現了幾天前我與同屆的男同學坐在草地上，對經過的女學生品頭論足的情景。她的腿太粗所以是B-，她的鼻子不好看所以是A，完全不帶任何問題意識或愧疚感，便評斷了女性的外表。大家在只有男生的酒席上爭相地開黃腔，追問正在談戀愛的朋友「進度」如何，而朋友則意氣揚揚地「炫耀」那件事，當時的我並未認知到，這一切就是性暴力的一環，以為這個樣子才叫大人，不僅道德意識低落，甚至一點性別意識敏感度都沒有。

年輕人雖批評老一輩只用自己的方式評斷他人，但我們在某些領域內的固執，其實與他們的古板並無不同。連在正式場合也盛行「說垃圾話」的現象，不過是這兩、三年的事，在男女雇用平等法中新增性騷擾條款，不過是十九年前的事。然而在這之前，女性卻連表達不悅的用語都無法擁有。近年韓國社會對性別敏感度的提升，是多虧以女性主義網友為中心所進行的女性主義重啟（reboot）[8]運動，而非社會成員的道德情感或包容心有所提升。雖然世界正在進步，但要崩塌卻只需要一瞬間，當你閉眼不看、掩耳不聽的瞬間，任何人都可能成為所謂的「老一輩」，若不想被淘汰，就要懂得學習並自省。

學長姐們因女裝比賽而開始的爭吵，最終發展成女性主義的紛爭，戰火轉移的原因，則是「女性主義的狹隘與封閉性」。反女性主義陣營認為「女性主義過於封閉」，並且「不該只顧及女性權益，應也為勞動者抗爭」；而女性主義陣營則認為，應該「先向和平運動家與環境運動家提議與勞動者聯手」，且「不該只對女性主義者使用過度嚴格的標準」，另外提出「所謂勞動解放，是否包含女性的家事勞動」的質疑，並批判反方陣營對佔據人類半數且歷時最久的少數族群所

8 研究大眾文化的女性主義者 Son hee-jung 指出二〇一五年發生女性主義運動新潮流，必判斷其為「女性主義的重啟」。Son hee-jung，《女性運動重啟》，Woodenpencil Books，二〇一七年，四七至四八頁。

帶有的偏見與無知。爭論走到結尾，女裝比賽並未重新舉行。

女性主義是能將現實客觀化的工具，讓人用與過去不同的視角看世界，改變我們的認知、給予糾正錯誤的勇氣，讓我們了解無須忍讓且錯不在己，享受自在的人生不再遙不可及。

因此，女性主義也受用於男性，它能幫助我們逃離狹隘的男性特質框架；它會告訴我們，男人即便愛哭、話多、力氣小也沒關係；它會讓我們知道，趕我們去當兵、讓我們有約會出錢和買房壓力、讓我們因嬌小的身高或生殖器而氣餒的，並非「泡菜女」而是「父權制度」。當你理解這些事實後，男性的人生也能獲得自由。

有許多人都用《下女的誘惑》中的台詞：「妳是來毀壞我人生的救援者。」來說明自己的女性主義。覺醒是痛苦的，脫下枷鎖走向曠野的腳步是自由的，同時也是空虛的。可是一旦醒悟後，便再也回不到從前，並終將走向一條全新的道路，就如同「善良的女人能上天堂，但壞女人卻能為所欲為」這句話一樣。

看似嚴謹的父權制度下卑劣的陰影。

大嬸嬸在本家當了超過二十年的長媳婦，已經照顧婆婆很長一段時間，有一陣子甚至連曾祖母也住在一起。嬸嬸一邊養育兩個兒子一邊上班，娘家所在的全羅南道長興郡，距離本家所在的江陵需要六小時的車程。嬸嬸的大兒子已經二十八歲了，但卻從來沒在年節時回過外婆家，難道嬸嬸不想念父母或兄弟姊妹嗎？我問叔叔有沒有考慮中秋和過年輪流拜訪岳家，卻得到了一個苦笑，極度疼愛妻子與想像媳婦不在的年節，是兩回事。

春天結婚的堂嬸嬸，在中秋時第一次回本家過節，一下班就連夜趕車的雙薪夫婦，在凌晨抵達時都已經累了。身為家中兒子的堂叔一到家就進入夢鄉，但身為「外人」的嬸嬸卻立刻圍上圍裙開始做事，她帶著滿臉倦容，與陌生的婆家兄弟並肩坐著煎煎餅，天一亮便開始布置祭祖桌，在清理祭祖桌的同時，又準備了早飯。嬸嬸因為座位不夠而在廚房等待的空檔，又因為有客人來訪，所以開始準備飯菜，多虧了這些來探望新進門媳婦的人，才讓媳婦本人沒有時間踏出廚房。

我們家也是如此，曾祖母過世以後，就只有爺爺家的人一起過節，包含爺爺奶奶以及大姑姑、小姑姑、小叔叔的家人，共有將近二十人會拜訪我們家，而為這些人做飯的責任，就只落在母親和小嬸嬸身上。身為成熟男子漢（？）的弟弟對這件事毫不關心，小叔叔家就讀高中的女兒們也是如此。在一旁徘徊、出聲要幫忙的人，就只有我和小姑姑家三十二歲的女兒，不過其實我們能做的也不多，頂多只能幫忙打掃和跑腿。

然而，大人們看著我們做事的反應才是問題所在，我不做事時，並沒有人會對我說什麼。煎煎餅的味道撲鼻而來，叮鈴噹啷的洗碗聲音傳入耳中，在這樣家事勞動的暴風中，我彷彿透明人一般。但當飯菜準備好，我想要幫忙擺放餐具時，卻引起了一陣騷動，「男生不是拿來做這些事的。」「乘範一定是個第一名的好老公。」「年輕人就是不一樣。」「很有自己的想法喔。」原本在看電視的家人突然紛紛開口了。

但是一同幫忙的小姑姑的女兒，卻沒有任何人關心，不使喚她倒水或多找事給她做就該偷笑了。好像一直以來都是如此，好像女性生來就是為了活在廚房，自然到令人起雞皮疙瘩的光景在眼前展開。但若是發覺她想坐在沙發上滑手機，大家便又開始你一言我一語，「我們智妍馬上就要嫁人了，不該練習一下嗎？」「會煮飯嗎？」「想要得人疼，白天就去上看看新娘課程啊。」彷彿發現員工偷懶的老闆，不停地訓話。

「不然爸爸跟叔叔來洗碗好了？」

我忍無可忍而丟出的一句話讓氣氛瞬間凝結，我發出幾聲不悅的乾咳，母親便用力地戳了我一下。就這樣，再次以女性的犧牲換來家庭的和平，以壓榨媳婦獲取豐盛的飯桌。這就是看似嚴謹的父權制度下卑劣的陰影，以家族愛為名的面具下，令人不自在的同住生活。生為兒子的我含的是金湯匙，而生為女兒的智妍含的卻是土湯匙。就算不是過節也是如此，人們看見兒子洗碗時，會說「我兒子以後一定是好老公」而不是「兒子可以娶媳婦了」，看見女兒洗碗時，卻說「女兒可以嫁人了」而不是「女兒以後一定是個好老婆」。明明同樣是洗碗，對某些人來說是加分條件，對某些人來說，卻是基本素養。不知道祖先們看到這些會有什麼想法，祂們會覺得開心嗎？

不知道是不是那幾聲乾咳讓他們有所覺察，父親在幾年前曾拉著叔叔和我去洗碗，開玩笑地說男生會負責處理善後，女生們就好好休息，洗碗的同時還幫自己做足了面子，那年是父親第一次如此，卻也是最後一次。

我朋友的父親比母親更會做菜，為了當兵休假的兒子準備九折板[9]的事在朋友之間蔚為傳說。那位朋友的父親在退休後開了間小菜店，但因為害怕家人的閒言閒語，所以過節時從不動手。平時從不出現在廚房的某個男人，在過節時反常地去洗碗，而平時包辦做菜的某個男人，則在過節時坐在沙發上使喚人上水果。雖然這是完全相反的例子，但根本是相同的，家事對女性而言是日常、是生活，但對男性而言則是活動、是儀式，所以有時會被拿出來作秀，有時則需隱藏。

因為男生不懂，所以要學。

同屆當中有一位重考了三次的姊姊，她的父親以家中經濟狀況為由，反對送她到首爾就學，因此生在釜山的她便進了地方的國立大學就讀，雖然她還算認真地讀了一年，卻在隔年因為弟弟考上了京畿道的市立大學，內心忿忿不平而跑去

9 韓國傳統飲食，盤子邊緣八格會放八種小菜，中間則放小麥煎餅。

重考。她的父親放棄會讀書的女兒，選擇投資生為男性的兒子。她問道最近是不是還有這種事，在男同學們嘆氣的瞬間，證詞蜂擁而至。沒有幾位女學生是未經一波三折就到首爾讀書的，就算父母不反對，爺爺奶奶或其他親戚也會跳出來阻撓，另外一位因為身為女兒而無法逃脫家鄉的朋友，也源源不絕地說著自己的故事。

我擺脫新生的標籤變成了學長，許多聰明的學弟妹們都讓我對自己的智商感到自卑，我經常研究他們的 Cyworld[10]（沒錯，不是推特，也不是臉書。）有位學弟每次發表文章都會被人分享，這位聰明的學弟在第二學期時加入了女性主義讀書會，他說讀書會的成員會一起讀書、討論、寫大字報、看電影，甚至為了參加女性人權電影節而翹課。以我當時的能力還無法理解，為什麼男生要學女性主義，於是我問他：「我又不是女生，為什麼要學女性主義？」而學弟這麼回答。

「因為男生不懂，所以要學。」

我被點醒了，聽了學弟的話之後，自己也應該學習女性主義的想法油然而生。「因為不懂，所以要學」這句話在我的腦中旋繞了好一陣子，這句話是對的，或許因為是別人的事，所以可以漠不關心，但也正因為是別人的事，所以可以學習。

女性主義是門博大精深的學問，它包含了延續數千年的矛盾、傳承數百年的陋習，還有累積數十年的知識，從文字到圖片、影像、論證等，擁有無數的資料，我找到了學習的理由，也有學習的餘裕。我到圖書館閱讀女性主義書籍，也瀏覽女性主義雜誌〈If〉，到了冬天，則到附近女子大學的畢展觀賞女性主義電影，並在過程中不斷感受自己的無知。

我在大學宿舍與七位系上的學弟妹一起生活，共享異鄉生活的自由和孤寂，相處得十分緊密。在後門咖啡廳工作到晚上十點的學妹很害怕回宿舍的那條路，

10 Cyworld 成立於一九九九年，是當時韓國最受歡迎的社群網站。

聽見她說每次走過暗巷時都怕得兩腿發抖，男生們便輪流去接她。輪到我接她的某一天，學妹問我。

「乘範哥沒有害怕的東西嗎？」

「嗯，大概怕鬼吧？」

「我覺得男生好可怕，特別是在晚上從後面跟上來的男生，如果你前面有女生走過，就先停一下再走。」

我覺得不是很舒服，不能理解為什麼她要對我這樣善良的人說這種話。就像最近男性們氣憤地表示：「不要把我們都想成是潛在的加害人。」當時的我心裡也不太舒服。雖然不是每位從後面跟上去的男性都是罪犯，但走在前面的女生害怕的，卻是所有從後面跟上來的男性。

以男生立場思考，這件事確實令人不悅，但就女生立場而言，先保持戒心是合理的，畢竟光從著急而零碎的腳步，很難判斷後方男性究竟是警察還是連續殺人犯，害怕便躲避的心理，也算是爪牙都不銳利的人類能生存至今的秘訣。

根據警察廳的統計，十名暴力犯罪的被害人當中便有九名女性[11]，與不論加害人或被害人皆以男性為多數的其他國家相比，的確是特例的數據。或許是因為如此，一般男性也經常認為其他男性為潛在的加害人，想為對方買防狼噴霧、擔心對方喝酒失去意識，以及擔心對方深夜搭計程車的心情就是如此，因為妹妹、女兒、妻子晚回家，就責罵她不懂社會險惡的哥哥、父親、丈夫也是一樣的。

因此「並非所有男人都是潛在加害人」這句話，其實是想表達「我不是那種人」。在這個仍有幾萬人能感受到這種恐懼的夜晚，卻只顧著高聲抗辯自己的清白，這樣的態度適當嗎？是不是該把證明自己清白的時間與力氣，花在觀察這群人的傷痛呢？想在搖晃的船上獨自維持中立是不可能的，因為即使自己清白坦蕩，

11 朴惠林「連續不斷女性慘死……暴力犯罪被害人十名中有九名女性」〈先驅公司〉二〇一五年九月十五日報導。

但就結構上而言，身為男性便有可能是加害者。

宿舍裡的另一位學弟是電影評論家心影涉[12]的粉絲，他從高一時就熱愛閱讀她的女性主義分析，並很早就察覺女性主義，那位學弟一聽見我在研究女性主義，就把心影涉評論家針對《實尾島風雲》所寫的專欄給我看。《實尾島風雲》是當時韓國影史上首部突破千萬票房的作品，吸引了全國人民的關注。

以「聖女－妓女」的架構分析作品中女性形象的部分十分有趣，電影中登場的女性角色只有兩位，一位是犧牲一輩子的母親，另一位則是遭強姦的護士。「對男人而言，女人是照顧自己的『聖』潔存在，又或是想隨意欺凌的『性』感存在[13]。」心影涉的這句話讓我拍手叫絕。

作為一部千萬票房的電影，觀眾的觀後感也十分多樣。有人熱衷於粗獷的男性特質，有人則讀出時代的悲劇，有人對獨裁強權的殘酷忿忿不平，也有人為國家分裂感到悲哀。但在這數以萬計的電影評論中，卻難以找到像心影涉一樣點出物化女性的文章。

我很好奇其他朋友的想法，於是跟他們提起這個話題，結果卻被狠狠唸了一頓。「強暴護士的角色不是中槍死亡了嗎？沒有比死亡更慘烈的懲罰了，這部電影已經處決了壞人，並不是一部女生該感到不自在的電影。」雖然我非常想要用符合邏輯的方式反駁他，腦中卻只飄散未經統整的思緒碎片，我還沒有那樣的能力與內功。

有個叫做「貝克德爾測驗」的電影評分指標，是美國作家艾莉森・貝克德爾（Alison Bechdel）於一九八五年，為計算電影中的男性偏重性所研發。貝克德爾測驗共有三項測試條件，第一，出現兩位以上擁有姓名的女性。第二，這些角色必須與彼此對話。第三，她們的對話需與男人無關。必須滿足這三項條件才算是通過貝克德爾測驗。二〇一六年超過百萬人觀賞的二十三部韓國電影中，只有七

12 心影涉：電影評論家，本名 Kim Ji-Soo，心影涉這個名字為其在獲得電影評論獎時為自己取的名字，意為「多方涉略心理學和電影」。

13 「聖」與「性」韓文發音相同。

部[14]通過貝克德爾測驗。〈實尾島風雲〉有辦法通過這三項條件的任何一項嗎？在我認識貝克德爾測驗的那天，電影〈實尾島風雲〉以及那些因為我功力過淺而無法立即回應的無數個瞬間，便一一浮現在我腦海中。

就讀男子高中的時期，有位老師曾說：「只有男人之間才能實現真正的友情。」電視劇也常說：「男女之間不存在友情。」初次受聘的學校教師前輩也說：「女人只要擁有一個就夠了，所以要對男前輩好一點。」到了三十歲後半的現在，我不相信以上任何一句話，因為我經常連絡、偶爾見面、會互相關心婚喪喜慶的朋友當中，都以女性居多。一百個人就有一百種個性，也存在一百種關係。就我的狀況，幫我打破偏見的老師、拓寬我眼界的朋友，大部分都是女性。人若是畫地自限，便會失去學習的機會。沒有任何關係能被概化，若想用性別二分法把人作區分更是萬萬不可。

相遇時雖是師生，但現在是夥伴。

我二〇一二年的導師班學生Ａ對次文化（Subculture）[15]頗有興趣，她有著強烈的正義感，道德觀念也十分卓越，或許正因為她是個懂得發聲且有自我信念的孩子，所以才喜歡上了女性主義。我將我的「人生書籍」——《女性主義的挑戰》送給她，她也如我預期，成了一位熱血的女性主義者，並正與女性主義者男友甜蜜地談戀愛。Ａ在上大學後，曾因生活中的煩惱而連絡我，於是我將作家穆秀晶的《骨子裡要自由，裙襬下要政治》[16]一書推薦給她，不久後Ａ便告訴我，她讀完那本書後，一掃眼前的迷惘，並決心活出自己的人生。雖然我們在校園當中以師生身分相遇，但現在則已成為朝著同方向前進的夥伴，我在去年與今年的酷兒

---

14 羅媛靜、張成蘭「二〇一六韓國電影 女性們，您好嗎」〈中央日報〉二〇一六年十二月三十一日。

15 與社會主流文化不同，是由如嬉皮（hippie, hippy）一樣的特定團體所發展的獨特文化。

16 原書名為〈뼛속까지 자유롭고 치마 속까지 정치적인〉，作者목수정。

文化祭都有見到A，她是一位令我感觸良多朋友。

B的眼神總是特別閃亮，雖然因為她個性內向，所以沒能說上幾次話，卻意外有著堅毅的一面。我看見她把模擬考題裡的詩〈小廚房之歌〉另外剪下，於是將文貞姫的詩集送給她，而她也認真研讀了。之後B告訴我，她在閱讀〈那無數的女學生現在何方〉、〈女兒啊，戀愛吧〉、〈我的妻子〉等詩的同時，確信了自己女性主義者的特質。不久前她看見我在報紙的訪談，依舊傳了長篇的文字訊息表示很開心能看見老師，我將訊息中的最後一句話保存在手機的記事本裡：「雖然您會覺得路途險峻艱辛，覺得力不從心，但請不要感到疲憊，我會與您一同前行。」

C則是跟我一樣的「女性主義男」，我很感謝他願意信任我並向我出櫃，C很早就察覺自己有少數者特質，並擁有與眾不同的人權敏感度。他從高中時便很關心青少年人權團體「ASUNARO: Action for Youth Rights of Korea」，並訂閱此團體的期刊《新東西（暫譯）》。C一直以來持續閱讀詩作，並從某一刻起著手寫詩，接著沒過多久便開始得獎。成為大學生的C在地方上組織女性主義聚會，他不止步於閱讀和討論，聽說最近正在親自策畫活動。熱衷於社群媒體的C經常參與留言戰，用逐漸紮實的邏輯與日益精進的功力，火熱地支援著不知名的夥伴。沒想到我會在這個領域感受到所謂青出於藍更勝於藍呢！

第3章

老師，您知道江南站發生什麼事了嗎？

若我不沉默。

我幾年前任教的地方，是一所教學水準相當高的學校，校方不僅自製報章資料作為閱讀教材，也鼓勵上課使用教科書以外的文本，因此我也為了那些求知慾旺盛的學生到處翻找文章。我經常使用女性主義領域的文章，其中最常用的便是「ILDA[1]」的文章，這些內容在女生班得到不錯的反應，卻時不時引起男生班的抱怨。我認為世界上本來就有許多異己的論點和立場，即使不喜歡也必須面對，因此沒有特別在意，並持續講課，卻不覺自己把一切想得太容易了。

二〇一三年七月，標榜為「男性人權團體」─男性連帶[2]─的代表成在基[3]，在募集營運資金的跳漢江造勢活動中死亡，他的逝世點燃了自認受到反向歧視的男性們的怒火，他生前發表言論的影片迅速傳開，追悼的氛圍也轉為推崇的態度，甚至有人開始將他與全泰壹[4]相提並論。

我在 Facebook 上發表了文章，表示成在基不可與全泰壹相比、不得如此褻瀆烈士之死，並批判他荒誕無稽的主張與跟不上時代的認知。結果，那些平時追隨成在基的男學生們便開始留言，基於我平時的言論與上課教材所引起的不滿一下子湧上，我的情緒隨之激昂，於是也用尖銳的文句一一回覆那些留言。

隔天開始，走進那間教室對我來說便是一種折磨，有將近十位學生在上課時不給予任何反應，這樣的死寂一直延續到年底，那一年的教師評價也陷入一片罵聲。直到畢業為止，我和那群孩子都處於這樣尷尬的氛圍。我鬱悶了好幾個月，不再在教室裡提及女性主義，也不閱讀相關書籍，即使轉任到女子中學，也因畏縮而保持緘默，直到二〇一六年五月十七日為止，我就這樣過了三年。

---

1 提供韓國女性主義相關刊物、專欄、評論與新聞報導的網站
2 韓國男權團體，成在基是此團體的創建人、首任代表。
3 韓國男性主義者，是二〇〇〇年代男性主義運動與男性解放運動的領導人之一。
4 韓國勞工運動家，為抗議雇主對勞工的壓迫，於二十二歲時在東大門市場自焚死亡。

二〇一六年五月十七日是江南地鐵站殺人案的案發日，這是個令人十分衝擊的案件，犯人在讓六位男性離開公廁後，殺害了第七位，也是第一位走進廁所的女性。被逮捕的犯人雖表示，自己是因為被女性瞧不起才下手，但調查後發現，瞧不起他的人其實不僅是女性。他可以吞忍男性的藐視，卻無法忍受女性對他輕慢，這是否代表他認為女性是比自己還低劣的存在呢？我也曾在教室內下意識開過物化女性的玩笑，或許犯人在學生時期也遇過這樣的老師吧？應該也有朋友會貶低女性、只把女生當作發洩性慾的對象吧？是不是這些相似經驗的累積，才造成他這種扭曲的觀念呢？

我為了參與追悼遊行來到江南站十號出口，為數多到令人費解的群眾正在哭泣、獻花或留言。如此嚴肅的場合，唯有一個角落特別吵鬧，那就是有二十幾位最佳網文日報儲藏所（以下稱 Ilbe）會員的聚集處，我不知道他們有何不滿，竟一個個露出嗤之以鼻的笑，嘲弄追悼人士，並到處拍照、喧囂、開直播，主辦方請他們離開，他們便以自己也是來追悼的理由回絕，僵持不下之際，兩方的代表站出來了。

「現在這樣的氣氛不叫追悼，這已經變質成謾罵男性的場合了，我們來就是為了指責這一點。」

「那什麼叫做真正的追悼呢？」

「應該要安靜祈求故人冥福，默默地悲傷才對。」

他們想要的，是被害人被動又消極的模樣，這和保守派媒體責罵世越號遺屬是相同的概念，被害人就該無力地悲痛，不該憤怒也不得要求真相。

兩方的聲量節節上升，甚至有人喊著喊著就哭了出來，衝突一觸即發，警察卻只在一旁觀望，忍無可忍的我便找了看起來像負責人的人詢問，問 Ilbe 的人是否不該待在這裡，而他卻是搖搖頭。

「在他們出現違法行為之前，我們也無能為力。」

我雖然生氣，卻也無計可施，直到數百人的追悼遊行結束為止，Ilbe 的會員都沒有離開江南站。

我帶著不悅的心情回到江陵，幾天後，班上的學生問我，周末時是否去過江南站，他們說有人在 YouTube 上看到我，還有其他班的學生說我是「Megalian[5]」，我心一沉，想著該來的還是來了。

為何不敢說是仇女犯罪？

江南站殺人案本身就已經足夠驚世駭俗，但之後的發展卻更令人衝擊，某家媒體提及犯人的經歷，竟有試圖為他辯護的傾向。報導提到，犯人本在研究神學並有意成為神職人員，卻因女性的輕視而產生被害者意識，對此他們表露出同情之意，多數男性的反應則是更勝於此。對於女性害怕「死的可能是自己」這一點，他們毫無共鳴，反而因為善良的男性也被認定是潛在加害人而感到憤怒。我應該要繼續解釋的，我不該就此沉默的，被我教過的學生當中，一定也有人有類似的想法，實在太丟臉了。這些念頭在我腦中反覆，讓我覺得自己也是加害人。

難以理解的言論接二連三地出現，警察在案發一天之內，把此案定為「思覺失調患者隨機殺人案」，犯人「因遭女性輕視而下手」的相關陳述，全以思覺失調為由遭一律駁回。就這樣，思覺失調症成了犯下此罪行的動機，以及駁回相關陳述的根據，這根本是一場從根源阻斷一切其他論點的詭辯。

我在鍵盤上敲打著諷刺雙重標準的文章時，不斷後悔那段保持緘默的日子，完整承載我激動情緒的文章，被人截圖上傳到Facebook上叫做「幽默儲藏所」5的專頁，文章在姓名和頭貼同時公開的狀態被上傳，數十封辱罵我的私人訊息也隨之而來。我一一回覆那些辱罵，好像要這麼做才能對過去沉默的自己少一些埋怨。

5 激進女性主義的韓國網路論壇「Megalia」的使用者。

我的答覆再度被截圖上傳到那篇文章的留言串裡，在嘲笑、辱罵我的留言當中，我看見了曾因為成在基的爭論而動怒的學生姓名。

小兒精神科醫師徐天錫，曾提出精神疾病反映時代走向的主張，此論點的根據在於，權威主義獨裁時期的中央情報部以及二〇〇〇年代以後的三星企業，都曾為人們妄想的主要對象，而江南站殺人案作為仇女心態發展為精神疾病的徵兆案件，人們必須體認其嚴重性，研討結構性改革，並進行意識轉換。然而，他的主張卻被置之不理。

我開始懷疑，警方是怕事情鬧大，才這樣敷衍了事嗎？如果有一位白人躲在廁所殺了一位東方人，他讓六位白人離開，殺害第一位走進廁所的東方人，並表示是因為東方人瞧不起自己才殺害對方，那我們會因為他有思覺失調症，而否定他是仇恨犯罪[6]嗎？是不是因為韓國目前沒有承認仇恨犯罪的判例，所以才不想牽扯這項爭議呢？是不是害怕無法承擔這個判決的後續發展，才不敢命名為「仇女犯罪殺人案」呢？我的腦中老是浮現這些想法。

若以精神疾病患者的「隨機殺人」下定論，案子會以懲罰嫌犯作結，社會不用再做出其它努力，頂多只能加強管理思覺失調患者，而實際上江南站殺人案結束後便是如此。

但若以「仇女殺人」結案，就會開啟無數的連鎖反應，電視上會展開以仇女為主題的辯論，召開傾聽各階層意見的公聽會，並開設收取人民意見的頻道。相關機關首長必須聚首舉行對策會議，委託專家團體分析社會現況，另外各部門會發送公文對轄下機構進行田野調查。國會將湧入禁止性別歧視的法案，國會立法調查處則須嚴密檢討現行法條是否有違法要素。企業須對雇用、升職、支薪等人事問題進行自我管束。教育界則要鄭重研討是否將性別平等與性別認知教育納入中小學課程。

---

6 Hate crime，針對社會特定族群的歧視性犯罪，也稱仇恨罪行。

當對社會發生重大衝擊案件，上述事項便會接續發生，這些事雖然對推動與訂定政策的人而言麻煩又棘手，卻也是為了創造更好、更安全的社會所必經的過程。負責人難道不是怕自己的決策造成社會波動，所以有所畏懼嗎？我認為這是少數幾人為了明哲保身，而錯失能提早至少十年邁進性平社會的機會，並只留下犯罪率較一般人低十倍的思覺失調患者遭受無故打壓[7]。

不見夥伴蹤影，只見Ilbe[8]旗幟飄揚。

怪事並未就此結束，遊戲公司Nexon的聲優在Facebook上傳自己購買「Megalia4」資助T恤的認證照後，便被解除合約。正義黨文化藝術委員會雖批判此為侵害勞動權的事件，其他黨員們卻以「包庇Megalia」為由，發起強烈抗議與集體脫黨的攻擊。根據大數據分析男性憤怒心理的《時事IN》遭到大規模拒讀，要求停止獵巫行為的進步派媒體也受到辱罵，男性們沒想到曾信任的《韓民族新聞》、《京鄉新聞》、《時事ＩＮ》、《Oh my News》、《Pressian》會有如此行為，因而罵聲不斷。對社會議題帶有進步又多元意識、對弱者悲痛深感共鳴、與各階層同一陣線的他們，正做出這樣的行為。

若一直以來與自己共享理念思想的對象，點出了國家社會的仇女現象與女性主義的必要性，反思是否錯在自己不才是自然反應嗎？而不該是一副「沒想到連曾經信任的某刊物也如此」並取消訂閱、收回自己的支持吧？反省有這麼難嗎？原來這些人連客觀看待自己也做不到嗎？難道他們一直以來展現的問題意識與批判性思考，只是因為自己不屬於經濟層面的既得利益者嗎？不見夥伴蹤影，只見

7 依據大檢察廳（相當於台灣的最高檢察署）二〇一一年〈犯罪分析〉報告，思覺失調患者的犯罪率（0.8%），僅為非思覺失調患者犯罪率（1.2%）的十五分之一。

8 Ilbe：最佳網文日報儲藏所，原為蒐集因有害或偏激內容而遭刪除的內容，後漸轉為極右派網站，以歧視女性、外勞等特定族群之網站

Ilbe 旗幟飄揚，真的是他們想見的光景嗎？

「最近的年輕人真是三分鐘熱度，就是因為沒吃過苦才這麼沒毅力，這個世界上哪有簡單的事，想就業就要努力點啊。」聽見老一輩說這些話，便氣得撲上去的人，現在卻說著：「女人做事就是不積極，就是沒當過兵才沒耐心，活著怎麼可能只做自己想做的事？加班和聚餐也都是必須的啊，女人就是這樣才沒辦法升職。」幫高談闊論「當年勇」的上司，貼上「倚老賣老」標籤的人，現在也發表著：「現在的女人過得真舒服，如果是以前……」的說詞，讓自己陷於窠臼之中。

要如何理解那些在其他方面堅守進步價值，卻只打壓女性人權的人呢？若不了解馬克思卻批判資本主義是件丟臉的事，那麼不認識西蒙．德．波娃卻批評女性主義，不也該感到可恥嗎？雖然人類很難察覺自己在無形中享受的利益，但選擇性的袒護卻是件羞恥之事，堅持一貫或保持沉默，是否只該二擇一呢？

沒有人生來就是鬥士，當一個人遭受無盡委屈，卻沒有人願意理解他時，再溫和的人也會變成鬥士。星州郡民們曾說，他們是為了薩德部署問題站出來抗爭之後，才了解五一八事件與世越號遺屬的悲慟，是看見了扭曲事實的報導、作假的宣戰以及政府的挑撥離間，才發覺「原來他們也是這樣受騙的」，並燃起憐憫之心。

若問起韓國的仇女情節從何而生，有許多男性主張一切源於這個男性比女性更難以生存的時代，我希望這樣主張的人能夠一起去趟俄羅斯，體驗深夜走在街頭，生命受威脅的感覺，並在抱怨種族歧視讓自己不敢出門時，聽聽別人反駁自己：「這個時代哪裡還有種族歧視。」「不是所有白人都這樣，不要以偏概全。」是不是非得這樣，你們才能感受到女性的恐懼與憤怒呢？

在韓國，身為女性。

中秋時見面的爺爺，看著孫媳婦微微隆起的孕肚說。

「要生兒子才行，這樣我死後才有人幫我祭拜。」

父親在旁補了一句。

「生女兒的話，名字想怎麼取都行，但如果生兒子，名字裡一定要放輩分字才行。」

叔叔帶著反駁答腔。

「你們真是太外行了，現在要生女兒，老了才有人養啊。」

家裡三位長輩連續的攻擊讓我頭昏腦脹，對他們來說，兒子是傳承家族的純正血脈，但女兒不過是用來養父母的看護。雖然大家都說，近年許多夫妻偏好生女兒、人們的意識有所改變，但像是「只有女兒會帶我們坐飛機」、「老了之後照顧自己的就只有女兒」，這樣「養女防老」的心理，其實與數千年來壓榨女性的歷史是一脈相傳。一年有一萬名以上的胎兒，因為是女胎而無法出世的年代，距今不過三十年。

女孩子從出生前便被要求文靜與順從，除此之外，我找不到理由解釋人們為何猶豫生下屬龍或屬虎的女兒。女孩子的行為舉止也受到強力的管制，人們看見男孩子調皮搗蛋或玩些激烈遊戲，會合理地認為：「男孩子就是這樣長大的。」但女孩子做出類似的行為，人們便說：「女孩子怎麼這麼不小心。」並試圖糾正她們，我們不用「孩子王」來稱女孩子，也不用「調皮丫頭」來指男孩子。

學校對女孩有著更廣泛具體的壓迫，聲音不能太大、脾氣不能太倔、不能這樣坐、不能穿這種衣服、不能這樣化妝、不能笑太開但也不能臭臉、不能瞧不起或想贏過男生、男生欺負妳是喜歡妳，大家要體諒他們等等。大家看見兒子洗碗，會說男生洗什麼碗，要他們快去唸書，但看見女兒洗碗，卻稱讚她們懂得「幫媽媽」做家事，說她們是孝女。比起打電話叫哥哥弟弟幫姊姊妹妹做飯的父母，相反的情形要多了數百倍。

同樣是穿制服，女生的規則也更加繁瑣。裙子不能太短，襯衫不能太貼身，務必穿著內衣，但不得露出內衣痕跡，必須多穿一件背心，不然刺激到男生可就不好了！

在校內談戀愛時，也是女學生被約束行為舉止，因為分手後落人口舌是女生的份，所以周遭的人便送上摻了威脅的擔憂，要妳懂得潔身自愛。學校也告訴學生：「女生除了〇〇就沒有適合的工作了。」大幅縮減女生的職涯選擇。我國中時遇到的補習班老師說：「女生除了讀書和就業之外，還有結婚的機會，但你們沒有，所以要認真唸書。」以此鼓勵（？）男學生，接著還自以為風趣地說：「女生這輩子最重要的決定，便是判斷該讓誰脫下自己的內褲。」當時不懂得思考的我，還覺得這句話有趣並笑了出來。

女兒不管再怎麼會讀書，也難以逃脫家鄉，即使運氣好能到其他城市讀書，也被禁止在外租房，除了宿舍別無選擇，若從家裡通勤上學，便會被規定門禁，若是真的在其他地方外宿？那就等著父親上門打斷自己的雙腿。

妳不能拒絕學長姐遞的酒，也不被允許失去意識，因為在韓國，「管不了自己身體的人」要負最大的責任。雖然妳可以選擇喝完一杯就迅速起身，但是待在旁邊會遭到性騷擾，若不在旁邊就把妳當茶餘飯後的話題，兩者其實是半斤八兩。

鼓勵女性做獨立性別個體的聲音，與要求女性純潔端莊的聲音，總是同時交疊，明明是同一家電視台，新聞節目譴責性別商品化，綜藝節目卻在評價女性的身材。

在就業市場中「男性便是加分條件」，如果男性就業市場是一片冰原，那女性的就業市場就只是飄裊的乾冰，即使費盡千辛萬苦錄取工作也難以升遷，低階職位有著不少的女性，但才升到課長級就變得全是男性。女性朋友們原本一致認同公司內沒有能作為典範的女上司，不過當她們一聽到有人說：「公司根本沒有女上司。」之後，又更是點頭如搗蒜。雖然高階主管們總叨唸女性不努力，但對明顯沒有發展未來的組織何須忠誠？在決賽無望的預賽裡又何須拚盡全力？

聽人家說「百年客人[9]」——女婿配上「丫環」——媳婦就是所謂夫妻，讓妳覺得結婚不是一件妙事；但周遭的三言兩語又讓妳為不婚憂心，既然結婚會後悔、不結婚也會後悔，那就選擇能「盡孝道」的路吧。這是好的決定嗎？什麼都願意做的男友，瞬間變為什麼都不做的丈夫，這樣的變身術簡直與洪吉童不分上下。另外，不要求兒子卻要媳婦打問候電話的婆婆，更如鏡浦海灘上的沙粒一樣多。

對女性而言，生小孩是關乎一輩子的煩惱。我還能繼續工作嗎？工作時有人能幫我顧小孩嗎？我能成為好媽媽嗎？在妳陷入混沌之時，丈夫大聲說了：「妳只要幫我生，我就負責養！」新聞裡經常提到，依照現在的低生育率與高齡化現象，韓國將在二七五〇年滅國，妳懷疑自己是不是也該為此負責？但計算了之後發現，自己不過只是個擔憂朝鮮王朝滅亡的統一新羅百姓。

母親總是無時無刻地感到抱歉，為了工作而加班的是「毒婦」，因為小孩生病而早退則是「擾民」，把孩子送到托育中心後，更是讓人想起善惡果實的原罪時間。雖然是雙薪夫妻，獨自承擔家事與育兒卻是預設條件，幼稚園要求「媽媽手做便當」，國小時收到「綠色媽媽[10]」值勤日通知，最終還是做出「對家人最好的決定」，與職場道別。

獨自照顧焦躁與憂鬱反覆不定的國中生幾乎是不可能的任務，小孩上了高中，母親便被要求一起成為高中生，人家都說身為好媽媽就該掌握補習班的資訊，但光靠丈夫一份薪水卻難以負擔補習費，十年前的資歷已經不可能被承認，因此妳也沒有重回職場的念頭，「不要貪心，賺到補習費就好」的想法，就是讓許多母親成為低技術、低薪勞工的原因。

長大成人的孩子離家後，妳獨自待在空蕩蕩的家中，因而感到憂鬱，過去匆匆忙忙的一生彷彿一場夢，沒有孩子的自己好像變成了傻子，曾經相愛的丈夫也

9 一輩子都小心翼翼對待的客人，指女婿。
10 類似台灣的導護媽媽。

變得像陌生人，因為閒來無事，便待在家看電視或在家附近徘徊。雖然自己已是容易病痛的年紀，卻絕對不能生病，因為雖有許多妻子願意為丈夫顧病，為妻子顧病的丈夫卻十分少見，有百分之九十七的男性癌症患者都能得到妻子的照護，但照顧女性癌症患者的丈夫卻只有百分之二十八[11]，只要不幫人顧病就能當老爺，女性癌症患者的離婚率是男性癌症患者的四倍[12]。

寬以待男，嚴以待女。

偶像團體 AOA 的成員雪炫與智珉，因為不認得烈士安重根[13]而遭受砲火般的批評並落淚道歉，但許多把無知作為搞笑素材的男藝人卻從未受到相似的待遇。男藝人即使犯下性犯罪，還是能在幾個月後重回螢幕，然而女藝人即使是被害人，也得反省數年。

同一名記者撰寫報導時，若嫌犯為女性則使用「女乘客」一詞，但若嫌犯為男性便只寫上「乘客」，標題的修飾詞若出現「女」，文章點擊數就會增高，連帶增加流量，這都是因為只對女性要求高度道德觀的扭曲文化，以及享受物化、辱罵女性的社會氛圍。「女乘客」報導下充滿了對嫌犯帶有性別歧視的留言，不僅以「端莊」的量尺相逼，更云云「作為女性」的正確品行。

男性認為孩子就該由母親撫養，因此把育兒的責任推給妻子，但職場上卻有些男人看見女同事請育嬰假，便批評對方自私。雖然他們認為打掃家裡、洗衣服、洗碗都該由妻子負責，但卻有許多男人看不慣女同事早點下班。雖然他們擔心學校的女老師偏多，會害孩子無法學習正確的性別角色，但卻有極多數男人覺得由

11 申聖植等記者，「更令人心酸的女性癌症患者：妻子照顧丈夫97％，丈夫看護妻子28％」，〈中央日報〉，二〇一四年四月十四日。

12 「女性癌症患者離婚率，男性癌症患者的四倍」，YTN新聞，二〇一四年四月十四日。

13 韓國獨立運動義兵參謀中將，擊斃甲午戰爭策畫者與伊藤博文，被韓國人民稱為民族英雄。

母親單獨在家照顧孩子，並不會影響男孩子的教育。

只有男性需要當兵的兵役法是由男性制定，但被罵的卻是女性，這就跟不討厭規定「只有單號要打掃」的導師，卻討厭雙號同學，是一樣的道理。「像個男人」、「真讓男人丟臉」、「男人是會哭的嗎」這類刺激男性或限縮男性特質的言語，也多出自男性口中。父權制度與同性友愛創造了男性必須擁有妻小與扶養能力的神話，男性們感受到的經濟壓力是出於父權制度，但憤怒的他們卻對著女性劍拔弩張。

檢討被害人的韓國社會。

發生在大學校園的性犯罪案件中，四名加害人便有一名教授，十名被害人當中則有八名學生，若考量到教授在校內為相對少數，教授的加害人比例可說是相當高[14]，換言之，性犯罪案件便是在權力關係下發生的犯罪，失手或衝動犯罪都是謊言，沒有喝醉酒賞老闆巴掌的員工，也沒有對理事長的女兒毛手毛腳的校長，即便如此，我們仍對著女性叮囑注意事項，向她們追究責任。

暴力案件被害人收下賠償金，是為了補償他們的身心傷害，但若是性暴力案件被害人收下賠償金，便會被認為是一開始就肖想錢才接近的狐狸精。也有許多人認為，在風月場所工作的人便不可能成為性暴力被害人，我想認真地問問他們，那麼在格鬥場上比賽的人走在路上就不會挨打、不會成為暴力案件的被害人嗎？

即使犯下性暴力罪行，也能以酒醉、憂鬱症、年紀輕、非故意、未施暴、深刻反省，作為減刑的機會，甚至有人因身為大學生而被減刑。把喝醉的女子帶到包廂式電影院強姦的男性，以大學生與初犯為由，判下緩刑。在湖畔公園徘徊，試圖性騷擾強姦失敗遭逮捕的男性，以躁鬱症為由，判下緩刑。闖入女廁進行強

14 「你的學分…『教授與女學生』性犯罪的衝擊真相」〈中央日報〉，二〇一二年十二月八日。

姦，甚至錄下影片的男性，以酒醉為由，判下緩刑。震驚世界的趙斗淳[15]，因犯案前飲酒，被認定心神微弱[16]，即將在二〇二〇年期滿出獄。

根據「韓國女性家族部」（Ministry of Gender Equality and Family[17]）實施之「二〇一六年全國性暴力實況調查」所述，五五．二%的男性應試者回答：「只要女性們多加注意，就可以減少性暴力。」我們不會質問遺失物品的人為何把東西弄丟，不會責備走在路上挨揍的人為什麼討打，也不會對著殺人、放火、詐欺、恐嚇等任何案件的被害人問：「你為什麼不小心一點？」卻只追究性犯罪被害人為什麼穿那種衣服？為什麼畫這樣的妝？為什麼這麼晚還不回家？為什麼要喝酒？為什麼一個人到處亂晃？為什麼不抵抗？

從統計數據看韓國女性的生活。

沒有人會認為地鐵的博愛座有反向歧視，也很少有人覺得身心障礙者車位是對非身心障礙者的差別待遇，人們可以理解兒童票為什麼比成人票便宜，也同意對低所得戶提供經濟援助，因為大家認同這些族群是社會的弱者，但是二〇三〇[18]不婚男性中，有五七．六％認為男性在韓國社會受歧視[19]，他們不認同女性是社會的弱勢族群，因為在他們眼中，周圍有太多優秀的女性，更有許多漂亮的女人過著悠哉的生活。但請記得，社會水準是由平均值決定，而非少數特例，數據可以

15 韓國著名強姦案兇手，但僅得到十二年徒刑判決，引起韓國社會廣大不滿。
16 指辨別是非能力相當低落的精神狀態，包含一時性的神經衰弱，以及酒精中毒或衰老等精神狀態。
17 韓國政府促進女性及青少年兒童福利與人權、預防家暴、策劃家庭相關政策之機關。
18 指介於二十至三十餘歲，跳脫舊俗與刻板印象，關注生活品質與自我實現的年輕世代。
19 「二〇三〇男性報告，那男人為何離棄那女人。」MBC〈PD手冊〉，第一〇四九集，二〇一五年八月四日。

證明女性的人生有多沒價值，就算因為過多的數字而感到頭暈目眩，也請多多見諒，因為若我不一一提出，各位可能無法信服。

二〇一六年，韓國的性別薪資差距為三六．七％，代表男性領一百萬元月薪時，女性領六十三萬元，自從ＯＥＣＤ於二〇〇〇年開始實施調查後，韓國一直穩坐冠軍寶座，數據高出ＯＥＣＤ平均值兩倍，並比亞軍日本高出一〇％以上，拿下壓倒性的冠軍。根據統計處資料，性別薪資差距於三十、四十歲區間急遽增加，職場玻璃天花板[20]、結婚、生育、育兒所導致斷絕工作資歷的情形被認定為主要原因。女性的經濟活動參與率於生育期下降，並隨著子女成長而增加，形成Ｍ型曲線，以及女性二度就業時，因為過去的工作經歷不被認可，所以多數只被安排進單純職務的現象，也都是整體社會必須解決的問題。

根據中小風險企業部資料，以二〇一六年為準，大企業與中小企業正式員工的薪資差距為三七．六％，與性別薪資差距的三六．七％屬於同一等級，也就是說男女之間的差距，就如大企業與中小企業的差距。文在寅總統從在野黨代表時期，就多次指出勞動市場兩極化的問題，並表現強烈解決問題的意向，政府也必須為解決性別薪資差距付出心血，因為薪資差距的問題終究會走向階級差距。

世界經濟論壇每年發表的性別落差指數（GGI）當中，以二〇一六年為基準，韓國在一百四十四個國家中位居第一一六位，並以二〇一五年第一一五位、二〇一四年第一一七位、二〇一三年第一一一位，持續位居後段。性別落差指數是從經濟、教育、健康、政治等四個領域分析，以同一國家男性作為基準，判斷女性的地位，反映相對數據之後，即使相較他國女性得到較高分數，也可能根據與國內男性權益水準的比較結果，而被排在較低的順位。這就是人均GDP僅七百五十美元的盧安達，能連年位居排行前段班的原因。

---

20 在形式上貌似給予男女平等機會，但越上層的職位，就越像是被一道看不見的屏障所阻擋，是用來形容女性的地位難以上升的表現。另外，也有用透明玻璃所築起的牆，來表達碰撞前並不知其存在的意思。

有些男性以聯合國開發計劃署（UNDP）所發表的性別不平等指數（GII）反駁前述排行。以二〇一五年為基準的性別不平等指數來看，韓國是一百五十五個國家中，排行第十名的性別平等國家，為何會如此呢？因為聯合國開發計畫署是為了支援開發中國家的發展所成立，除了國會議員比例、高等教育比例、經濟活動參與率外，也反映產婦死亡率、青少年生育率等經濟弱勢國家較可能發生的問題指標。根據韓國女性政策研究院分析，韓國之所以能拿下較高的排序，低產婦死亡率（十萬名中十一名）與低青少年生育率（一千名中一．六名）佔了極大比例。因此，經濟規模位居世界第十一名的韓國與性別不平等指數，可說是扯不上關係。

英國《經濟學人雜誌》發表的玻璃天花板指數，以二〇一六年為基準，韓國在滿分一百分當中得到二十五分，拿下二十九個受試國家的最低紀錄，並且比起連續四年墊底、以嚴重的性別不平等聞名的日本，以及大多數國民為伊斯蘭教徒的土耳其，位居更低的排名。根據《經濟學人雜誌》，韓國接受高等教育的女性較男性少了七．六％，參與經濟活動的女性較男性少了二一．六％，高階職位的女性比例為一一％，企業內女性理事僅有二．一％，以歷代最多女性議員為傲的第二十屆國會女性比例（一七％）也仍與OECD的平均值（二八．二％）有一段落差。

雖然開車技術不純熟的女性被嘲諷為「金女士」，但交通事故肇事者卻以男性居多，根據韓國運輸安全管理局（Korea Transportation Safety Authority）於二〇一〇年發表的〈男女交通事故特徵比較〉，每一百名男性平均發生一．一三件事故，每一百名女性平均發生〇．三四件事故，可知男性駕駛的事故發生率較女性高出三．三倍。另外根據汽車用戶專用網頁「Motoya」的分析，二〇一六年死亡交通事故四二九二件中，男性駕駛占三七八八件，女性占五〇三件，男性駕駛占總件數比例高達八八％，即使考量到男性駕駛偏多的前提，這也是一項嚴重傾斜的數據。

根據二〇一四年雇用勞動部的發表，韓國男性一天進行四十五分鐘的家事勞動，相較於女性的二百二十七分鐘，連二〇％都不到。同年，統計處公布之家事分擔率為一六・五％，是OECD會員國的最後一名（我爸爸到七十歲才學會如何使用洗衣機）。雙薪家庭中，丈夫做家事的時間為四十一分鐘、妻子為一百九十三分鐘。男性獨自負擔收入來源的家庭中，丈夫做家事的時間為四十六分鐘、妻子為三百六十分鐘，差距激增。而女性獨自負擔收入來源的家庭中，丈夫做家事的時間為九十九分鐘、妻子為一百五十九分鐘，甚至由女性負擔更多的家事勞動。

調查機關接獲的性暴力案件數為二〇〇五年一一七五七件、二〇〇九年一六一五六件、二〇一一年二二〇三四件、二〇一三年二六九一九件、二〇一四年二九八六三件，件數連年增加。性暴力案件被害人有九五・二％為女性，但被害人親自報案的比例卻僅有一・一％。重度性暴力案件的報案率也相當低落，僅有五・三％的強制猥褻案以及六・六％的強姦與強姦未遂案經申報，經專家推定，韓國的性暴力犯罪申告率約僅一〇％左右。

根據警察廳[21]的〈約會暴力發生現況〉，情侶發生的約會暴力申報件數，為二〇一四年六六七五件、二〇一五年七六九二件、二〇一六年八三六七件，數據持續上升，而一天平均申報數則為二十三件。約會暴力所導致之殺人案每年達百餘件，雖已達到每三天就有一名女性死亡的嚴重水準，仍因為持續的重責輕罰導致爭議不斷。將按下切歌鍵的女友毆打至門牙斷裂的二十多歲男性，以及監禁女友並施以暴行的醫學研究所男學生，雙雙遭判處罰金。將同居人毆打致死並以水泥覆蓋藏屍的男性，因與被害人父親和解，獲判三年有期徒刑。

全國教職員勞動組合（Korean Teachers and Education Workers Union）於二〇一六年十月實施的問卷調查結果，一千七百五十八名女教師當中，有七〇・七%表示曾在教職生活遭受性暴力，另有四〇・九%曾被強迫跳舞、三四・二%受到言語性騷擾、三一・九%受到肢體性騷擾，親吻與撫摸等形式之性騷擾達二・

21 韓國警察最高機構。

一％，強姦與強姦未遂也達〇．六％之多，而有七〇％的性暴力加害者為校長、教務主任等學校管理階層。

在這個約一〇％的申報率有三萬件以上是性犯罪案件的國家；在這個因為害怕報復，心懷恐懼報案也只有三分之一成功起訴的國家；在這個每年有一百位以上女性遭男友或丈夫殺害的國家；在這個女性薪資不到男性的三分之二，又比男性早五年離職的國家，男性過的是生活，女性求的是生存。

男人也能成為女性主義者嗎？

當違背世俗的意志偏向少數與弱者時，這樣的意志至少在進步陣營中不該受到批評，因為提出黑人、身心障礙者、同性戀者、勞動人權時便是如此，但當男性捍衛女性人權時卻是例外，他們大聲喝斥：「那些傢伙這麼做是想贏得女性歡心。」雖然我不同意，不過好吧，如果研究女性主義就能獲得女性芳心，那跟著做怎麼樣？因為你們看起來很喜歡女生呢。

對身為男性的我來說，女性主義是非當事人運動，不僅經驗侷限，也不那麼迫切。女性主義運動由女性執行會有最佳效率，針對這一點，我並無異議，也同意男性在提及女性主義時，須注意不讓聲量超越女性的主張，避免男性說教[22]是最基本的前提，然而我也無法認同「這是女人們的抗爭，男人滾開。」這句話，因為有投身黑人人權運動的白人，也有許多為性少數者人權運動賣命的順性別與異性戀者[23]，在生物、社會性別女性當中，也有不少批判女性主義者的「名譽男性[24]」，重點在於每個人的意志。

---

22 原文為「mansplaining」，由男性（Man）與說明（explain）結合而成的單字，有男生以居高臨下的觀點對女性說明的意思。

23 順性別（Cisgender）指生理性別與社會性別一致的人，異性戀（heterosexual）指性傾向與自己性別相異的人。

24 Honorary male，在父權制度下被賦予男性地位的女性。

另外也有男性才可能做到的角色。有名和我一起研究女性主義的老師打電話告訴我，她本想制止學生使用「泡菜女」這個詞，卻因為學生一句：「我又不是在說老師，老師為什麼要制止，難道老師也是泡菜女嗎？」而感到錯愕。像這樣需要向男學生說明錯誤的理由、讓他們理解時，由男老師說明就可能會更有效，因為比起女性的發言，許多男性對同性所說的話會投入更多的信賴。想以「最近這個時代，這樣說話可會出事」這句話來制止其他男上司令人不舒服的言語，又或是想說服對女性主義反感的男同事，由同為男性的人來實行將能事半功倍。

最重要的是，女性主義並非只為女性而為的運動，它也能使男性被禁錮於狹窄僵硬框架的生命豁然開朗。男性們為何非得酩酊大醉才能敞開心胸呢？為何辛苦也得獨自承擔、難過也得忍住眼淚，才是身為男人的表現呢？是不是壓抑的情緒累積成疾，才會比女性早逝呢？若女性的收入變得與男性相近，那麼平分所有費用這件事，是不是就會變得理所當然呢？若不把育兒的責任推給女性，父親與孩子的親密度是不是就能上升呢？若是我的家人、朋友，以及周圍的人們，能夠不再感到不悅或恐懼，對我來說是否也是件好事呢？

內閣制的發源地——英國——女性在一九二七年以前並無投票權；韓國用來懲戒婚外性行為的通姦罪，在一九五三年六月以前僅適用於女性；無線電視台的新聞讚揚遭性侵而自殺的女大生擁有「守貞情操」，不過是一九九四年的事情；廢除戶主制[25]一直到有四千萬手機用戶的二〇〇五年才成真。有許多以現代常識難以理解的事，都是當時的風俗、傳統，或被認定為美德；也有許多以現在的標準看來理所當然的事，在當時被認為是激進的變革。歷史自發展以來，皆為多數主體保障更多的權益。今日環繞於女性主義的紛爭，日後也會以偏執頑固、令人羞愧的形象留在世人的記憶當中。

25 戶主制指國家以法律與公權力，保障只有「男性」才能成為家族的法定家長，一種以男性為中心的戶主繼承制與戶籍姓氏制度。女性則屬於男性家長的附庸，且底下子女必須隨同男性家長姓氏，終生不能改姓。

美國歷史學家霍華德・津恩（Howard Zinn, 1922~2010）曾為白人大學的教授，也就是社會不改變時更有利的一方，屬於既得利益階層的知識份子。但是他卻為了黑人學生的學習權利抗爭，站在黑人們要求投票權的隊伍前方，反覆遭解雇與入獄也不變的信念，一點一點感化了許多白人。如今，一生為了不同膚色的人種抗爭，比起利益選擇追隨信念與正義，為廢除人種歧視奠下基石的他，以「現代史的良心」與「實踐派知識份子」之名留於美國世人心中。

我希望閱讀這段文章的男性們，都能成為女性主義的霍華德津恩；希望大家能為更好的世界伸出援手；希望佔據世界半數的女性，不再以女性為由，被斷絕工作經歷、害怕夜晚回家的路，或放棄夢想；希望大家能為了這樣的世界給予聲援。我希望大家能合力讓男孩們不必再忍住眼淚，將想說的話傾洩而出，並長成一個懂得育兒喜悅與家事辛勞的大人。希望能在托兒所看見玩洋娃娃的男孩與玩機器人的女孩；在操場上看見踢足球的女學生與翻花繩的男學生；希望女學生能懷抱工程師的夢，男學生能追逐美甲師的夢；最後希望樂於玩扮家家酒的孩子們，不需要再扮演下班的丈夫與在家煮飯的妻子。希望大家能一起踏上這條路，打造一個不因性別，而是因為「我」喜歡、「我」想要，而去探索事物、做出選擇的世界。

沒有人無時無刻都是既得利益者。「我是韓國人，所以我不在意外籍勞工的辛苦。」「我出身慶尚道，全羅道人得到什麼待遇與我何干。」有越多人這麼想，世界就會變得越沉重。「你這樣做能改變什麼嗎？」「你一個人費盡心思也改變不了什麼。」有越多人這麼說，社會就會變得越冷漠。「我是男生，女性的人生如何，我不了解也沒關係。」有越多人這樣思考，這個世界就會變得越糟糕。

每個人都可能成為弱者，正式員工與約聘員工相比或許是相對強者，但當站在資方面前，就變得手無縛雞之力。教授雖站在大學食物鏈的頂端，但在教授生態中，卻會因為出身的大學受到歧視。第一級外包廠商雖握有第二級外包廠商的生殺大權，但在承包的大企業面前，卻連大氣都不敢吐一聲。在韓國，如果生為男性—非身心障礙者—異性戀者—資方，或許能過著沒有缺憾的人生，但到了美國，也可能只是隻 Yellow Monkey[26]。

一個健康的社會應擁有許多傾聽他人痛苦的人，每個人都必然有傷口，雖然大小或嚴重程度有所差異，但治療傷處的藥並不會因人而異。

26 帶有種族歧視的單字，指瘦弱的亞洲男性。

第4章

與八百位男學生一起

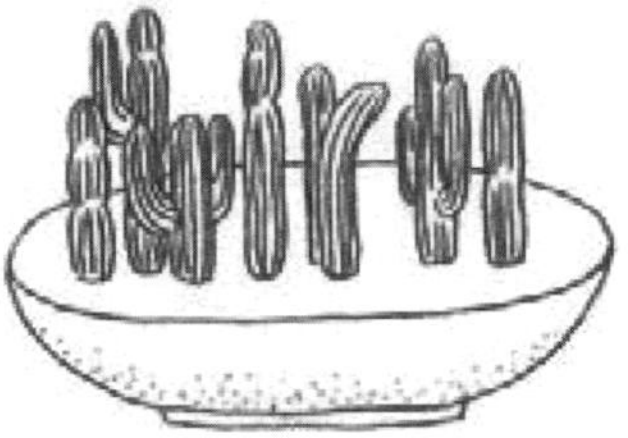

為了人生的女性主義課。

我決心不再沉默，我煩惱自己能做些什麼，舉大字報、喊口號、說服街坊鄰居，這些都很重要，但我想做的，是比這些更持久、更有系統，不會轉瞬即逝，而能長久延續的方式。

然而答案就在我身邊。我是老師，我擁有八百名男學生，如果這些人的成長能有別於上一世代的男性，如果他們能敞開心胸走向世界，好像就是最有價值的事了。再者，若能為未來將教到數千名男學生的教師同事們，帶來一點小影響，可能就是最理想的實踐方式了。

我開始訂閱準備要在教室發放的《女性新聞》，穿著寫上女性主義文句的衣服，戴著徽章到處走，在班級圖書區加上新的區塊，填滿女性主義的書，並在與學生共享資訊的群組放上報導連結。

不過最基本的地方還是課堂。一開始我曾想要準備特別的課程資料，但憂心卻立刻湧上。平時上課若出現與課程無關的內容，孩子便會敏感地察覺，並本能地認為「這個不重要」、「這個不會考」，有些學生還會懷疑老師為何沒頭沒尾地提這些內容，在心門緊閉的狀態下，學生們是不可能坦然接受這些資訊的。我已能預知，若課程脫離教學大綱，那麼在籌備階段便會亂了陣腳、最終搞砸一切，與其引起學生的反感與戒心，那還不如不做。

在課堂上以延伸內容的方式帶入女性主義的資料時，學生的專心度便大有不同，解釋課程必要性與宗旨也很容易，舉例如下。

「各位知道燭光集會[1]以後的時代精神是什麼嗎？就是傾聽弱者與傷者的聲音，觀察最低、最暗的地方，陪著他們一起痛，近來出現了許多為社會弱勢族群

1 又稱燭光晚會，是一種具特定主題的和平示威集體社會活動。主要以燭光作為主要道具，因而被稱為燭光集會，多在傍晚至凌晨舉行。相對於一般遊行或是示威等群眾運動來說，燭光集會多半具備較為溫馨的性質。

而制定的政策，所以我們也有必要進行性別平等課程，所以……」

學生們若出現閃爍的眼神，我便施以回擊。

「有些人認為人的人格、良心、品行屬於情感領域，在生活記錄簿的項目中，能寫在情感領域的東西並不多吧？大家想一想，男學生願意為了受歧視的女性煩惱，不覺得很帥嗎？」

說完這些，我便感覺到學生們變得焦急，「老師手裡拿的是什麼？快給我，我好緊張。」孩子們便是用這樣的表情看著我，雖然這麼做像是用奇怪的謊言引誘孩子，但仔細想想，這些話也沒有錯。

聰明人雖多，但聰明又溫暖的人卻很罕見，記憶力與理解力優秀的人雖多，但擁有批判性思考能力與社會文化觀察力的人卻很稀少。學習女性主義之後，你將懂得聆聽那些以為與自己無關的弱者的聲音，體驗曾視為理所當然的事情變得陌生，產生以不同角度觀察熟悉事物的能力，並打通將一己人生延伸至社會與歷史的遼闊眼界。

現在開始要介紹的是「造福人間的理念」。為了「陶冶學生品行，培養自主生活能力與民主市民的素養，使其享有有人格的生活，並對民主國家發展與人類共榮生活有所貢獻」，因此實施此課程。雖然非我本意，但又正巧與大韓民國教育基本法的教育理念相符，不是很好嗎？

〈蕎麥花開時〉不是美化性侵害的作品嗎？

在我們學校的教科書《國文I》當中，收錄了以描述美麗的背景聞名的抒情小說——〈蕎麥花開時〉，其在短篇小說中篇幅較短，方便收錄全文，因此是教科書的愛用作品，而作品的空間背景——蓬坪面[2]、珍富面、大和面[3]——因鄰近

2 「面」相當於台灣行政區劃分之「鄉」。
3 蓬坪、珍富、大和皆為位於江原道平昌郡的鄉鎮。

江陵，所以對敝校學生來說也更有親切感。雖然這是一部受眾人喜愛的優秀佳作，卻也有著像吃地瓜配水煮蛋般，令人感到壓迫的一面。我就著以下內容，開始為「故事」解謎。

「那是個月光高照的夜晚，但我現在仍想不透為何會變成如此。」

許生員今晚又再度提起那段故事。就像要讓他的耳朵長繭一樣，趙先達[4]與其結友以後，每天都得聽這個故事，但又不能顯露不耐，許書生就這樣故作不知，一再重述才肯作罷。

（…）

「雖然她不是在等我，卻也不是在等其他男人。那位姑娘正在哭泣。雖然我還在猜測原因，但應該是宋女婿家正不濟的時候吧。既然是家務事，女兒們怎麼可能不擔心呢，雖然想把她嫁到好人家，但她卻怎麼都不願意……沒有什麼是比一位姑娘哭泣時，更惹人憐惜的了。雖然她一開始的眼神有些驚慌，卻在我有些擔心時，又輕易被安撫下來，於是就促成了那樣的一夜，仔細想想，那真是個令人驚恐的夜晚。」

「他們是在隔天逃到堤川[5]的嗎？」

「等到下一次市集的日子，他們整個家都已銷聲匿跡了。直到市集上傳聞飛天，人們才紛紛說道，早知如此不如把姑娘賣到酒家去。我在堤川市集上找了又找，但姑娘卻已不見蹤跡，初夜那晚也是最後一晚了。從那時起，蓬坪的事就一輩子放進我心中了，即使一生都忘不了。」

「那是你運氣好啊，能有如此奇妙的際遇可不容易，通常只會多個笨女人幫你生孩子，徒增煩惱，光想就令人發顫呢……」

---

4 朝鮮時代文武科及第，但仍未賦予官職之人，稱先達。

5 位於韓國忠清北道的城市。

月光微微的夜晚，主角許生員走在蕎麥花盛開的山路上回憶過往。對孤獨一生的他而言，宋女婿家的姑娘便是他這輩子唯一出現過的女人，到溪邊沐浴的他，在水磨坊遇見了宋女婿家的姑娘，並與對人生絕望而哭泣的女人發生了性關係，他就這樣一輩子珍藏著這段回憶，每到月亮升起的夜晚，便在友人趙先達耳邊不斷反覆。

我很好奇，在那比現在更保守的時代，那樣的鄉下小村子裡，宋女婿家的姑娘會同意與偶遇的男子發生性關係嗎？看看前後文章，兩人也非熟識的關係，究竟對那名女人來說，那會是個浪漫的夜晚嗎？那是不會有人前去、即使尖叫也沒人會聽見的深夜水磨坊，她可能是感受到外在危險卻仍無法抵抗。對許生員來說浪漫的相遇，對宋女婿家的姑娘而言，說不定是驚恐的回憶。就像曾經有位與人共謀做出類似的行為，卻沒有一點犯罪意識，還把一切當作年少輕狂的總統候選人一樣。

即使宋女婿家的姑娘同意發生關係，那也不該像許生員一樣到處招搖，韓國社會對男性的性慾十分寬容，對女性的性慾卻有著病態的執著。同樣一件事，若主角是女性則招人指點，若是男性則人人稱羨，甚至會受到英雄般的崇拜。或許是因為如此，男性們能堂堂正正地說出自己上酒店，女性們卻連有戀人都得小心隱藏。

我與學生們討論這個話題，或許是因為內容充滿性，十多歲的男學生們快速分泌著腎上腺素並認真聆聽，我怕這樣下去他們的副交感神經就要開始運作，於是趕緊要他們動手寫文章。我提出了三個問題。

①宋女婿家的小姐有同意發生關係嗎？

②性暴力與非性暴力的基準是什麼呢？

③我們為何只對女性的私生活有嚴格標準呢？

我很好奇二〇〇〇年生的孩子們在女性觀念、性別意識、性別認知上的水準，雖然內心有所期待，但結果卻不出所料。雖然資歷不久，但他們的確是在韓國土生土長的孩子，要走的路還很長遠，我必須描繪更大的藍圖。

〈春香傳〉，自古至今女性都是玩物。

《國文II》收錄了朝鮮後期的暢銷佳作——〈春香傳〉，沒有人不認識成春香與李夢龍。大家對作品都有豐富的了解，所以我想，透過小組討論或許能探討更有深度的主題。我提出了三個問題。

①若卞學道被送上法庭，他適用何種罪刑，判處幾年徒刑？

②為何李夢龍沒有和成春香一起到漢陽？

③什麼樣的年齡與情況下可以發生性關係呢？

（李夢龍和成春香於十六歲度過初夜。）

學生們針對卞學道適用的罪刑，寫下了奸淫罪、侮辱罪、性騷擾罪、濫用職權罪、暴力罪、恐嚇罪等罪名。所有小組皆同意卞學道利用使道[6]的職權進行性侵害，對於量刑雖眾說紛紜，但有一半以上的組別都主張處以死刑，我問若在實際法庭上，會有什麼結果，大家回答：「罪行惡劣，應該會判十年以上。」大家會這麼說，是因為擁有強烈的正義感，還是涉世未深呢？

為了讓大家了解現況，我以張紫妍事件做說明，她身處壓榨女藝人的演藝圈，是性賄賂結構下的受害者，並在暴露自己承受的痛苦後自我了斷，她所留下的數十名權力人士名單，全被判定無嫌疑，僅有所屬公司代表與公開文件的人員遭處

6 高麗、朝鮮時期，以此「使道」稱呼派遣至州、府、郡、縣的地方官。

徒刑，學生們聽了之後非常憤慨。

隔天我給大家觀賞KBS 2TV的綜藝節目〈我們小區藝體能〉足球篇，藝人組敗給了軍人組，並實現了軍人想與偶像女團通話的願望，接受電話連結的女團穿著極度暴露的服裝到軍中，並以大尺度的舞蹈進行勞軍表演。我問學生，以年輕貌美的女性慰勞接受國家召喚的男性，跟日軍「慰安婦」的根本原理是否大同小異。這句話很難理解嗎？還是他們認為這是個荒謬的主張？大部分的學生都搖搖頭，但我並未繼續說明，畢竟羅馬不是一天造成的。

我和學生們一同閱讀「慰安婦」報導下的留言，也向他們提問，孩子們看見「為了向日本報仇，我們也強姦日本女人吧」的留言便批判，做錯事的明明是日本帝國主義，為什麼拿無辜的日本女性洩憤，這麼做終究只有女性會成為被害人。

有些人與從女性人權角度看待「慰安婦」議題的學生不同，他們把這件事理解為「踐踏民族士氣」，直到不久前，媒體都還以挑起大眾憤怒的方式提出「慰安婦」議題，他們以悲劇的角度分析年輕美麗而單純的少女所經歷的痛苦，並將痛苦的過程像色情刊物一樣展示出來，以燃燒人民的復仇意識。在此脈絡下出現「要強姦日本女性」的主張，當中僅存的不過是「我也要毀滅你的所有物」的原始復仇心態。也就是說，女人並非與男人同等的人格主體，當事者的人權失去了它該有的位置。

李夢龍沒辦法和成春香一起到漢陽嗎？針對這個問題，大家的意見雖有不同但大致相近，分為「即使被罵也該對父親坦承」與「考上科舉後，春香的存在便已為人所知，所以可以結婚」兩種主張，也有「不用說要得到允許了，連被罵的決心都沒有，之前還一副真的是人家丈夫的樣子，真無言。」「根本不可能騙父母一輩子，卻沒有事先做好被發現的對策，就一直跟春香來往，真是太不負責任了。」「幸好李夢龍有考上狀元，萬一只考到第二名，春香根本沒得反抗就要死了。」等意見。

但是有一名學生反問了：「反正李夢龍也沒什麼好可惜的，他在南原[7]時該享受的也享受了，明明可以在漢陽跟貴族家的大小姐結婚，有什麼理由要帶春香走，之後再娶春香為妾就不錯了，反正他們的關係早已傳遍，春香還能怎麼樣？」雖然是很冷血的想法，但的確是符合邏輯的論點，於是我也補充說明，請大家想一想，為什麼傳出誰跟誰發生關係的謠言，總是女生被罵呢？為什麼我們只會說女生是「破麻」？如果跟男生做愛就會變成「破麻」，那骯髒的不該是男生嗎？

第三題的討論是最有趣的。孩子們嘴上說有能力養家時再發生關係比較好，臉上卻一副「哪有人會管這些」的表情。我向孩子們解釋，雖然在務農時代，到了上國中的年紀就能結婚，但隨著社會結構改變，人一生的準備週期增長，適婚年齡也延後了十年以上，能夠發生性關係的年齡會隨著人類生活方式而改變，但更重要的，是要得到伴侶的同意。

我叮囑孩子們，NO就是NO，不能把委婉的拒絕當做YES，「現在不要，等一下就要了。」這句話是男性自己創造的幻想，絕對不能相信，強行拉走女性叫綁架，對方不喜歡卻在別人的公司前面閒晃叫跟蹤，把人推到牆上接吻叫暴力，這三件事都不該做，千萬不要隨便揣測別人的想法，也不要把色情片的情節帶入現實世界。

李陸史的語調男性化，金素月的語調女性化？

凶狠的季節之鞭掃落
正好從北方席捲而來
天空也不著邊際的高原

7 全羅北道的城市，〈春香傳〉的背景廣寒樓便位於此。

我站在冰霜的刀口上
我該讓雙膝跪於何處
連一步逃避之處都沒有
只能閉上雙眼思考
冬天或許是鋼鐵鑄成的彩虹吧

——李陸史〈絕境〉

若你已厭倦看見我
在你離去之時
我會一句話都不說地送你走
寧邊的藥山上

那杜鵑花
我會將摘下 一把撒在你離去的路上
離去的時候
請用輕盈的腳步
踏在那鋪好的花上
若你已厭倦看見我
在你離去之時
即使死去，我不會流下一滴淚

——金素月〈杜鵑花〉

《文學》課本中，同時收錄了李陸史的〈絕境〉與金素月的〈杜鵑花〉，課本一隅對於「男性化語調」與「女性化語調」的說明，總讓我不太滿意，說明內容寫道，男性化語調的特徵在於「明確的表現與命令式的語調」，更補充透過鏗鏘有力的語氣傳達主張，可有效表達堅忍的意志。反之，女性化語調的特徵在於「緩和沉著的語氣與被動消極的態度」，常用於祈願或表達心死的文章，另外使用勸誘句與敬語也被認為是特徵之一。

「這好奇怪喔。」在我問學生用詞的適當性之前，學生先開口了，我也是這麼想的，真的好奇怪，提出男性化語調與女性化語調的人也不一定是性別歧視主義者，他可能是不帶任何意識，單純因為現實就是如此才提出這個名稱，但有時即使不帶惡意或是純粹的無知，都可能產出不好的結果。

讓學生有機會在課本看見這個用語，並懷疑自己「身為女生是否該這樣說話呢？」便代表這件事本身有失恰當。我怕他們下意識築起了「粗率而大氣」是男性化、「消極而文靜」是女性化的框架，並把自己囚禁在裡面。也擔心他們認為男生應該要有氣魄又充滿自信，女生應該要被動又內向，並因此煩惱自己不符合這些條件。

人類透過經驗思考，再透過思考組成語言，小孩子常看的漫畫當中，主角通常是男性，並有一個依靠主角而存的女性角色，男主角的核心任務通常就是解救陷入危機的女主角，穿著粉色服裝的女主角幾乎都有著亮麗外貌，且比起打鬥，她們更常選擇施展魔法。男孩子踢球奔跑時，女孩子拿著魔法棒的光景，就是我們的社會所製造的性別角色學習結果。

電視連續劇經常出現說半語的丈夫與說敬語的妻子，這是悖離現實社會的體現，實際上有多少這樣的夫妻呢？若看看經國內配音的外國電影，即便一樣是同事的身分，也經常以男性說半語、女性說敬語的方式配音，這是根據什麼而做的決定呢？不知不覺累積的差別意識，形塑了男女的上下位階，並把我們推向性別刻板角色裡。

〈謝氏南征記〉，誰才是真正的犯人？

我以金萬重的小說——〈謝氏南征記〉做作為寫作課教材，並且這次依舊丟出了三個問題。

①這部作品的壞人只有喬氏和董清嗎？
②若謝氏到了現代，會被認為是怎樣的人呢？
③若當今社會有一夫多妻制是好是壞呢？

張禧嬪以朝鮮王朝的惡女為人所知，以其為基礎人物之著作——〈謝氏南征記〉——當中的喬氏亦是如此。喬氏以劉翰林之妾進門，十分厭惡善良又仁慈的正妻謝氏。她表面裝作乖順，實則與門下的書士董清私通，策劃各種陰險詭計。

喬氏殺死自己的兒子，並嫁禍謝氏，對於謀害親夫，使其遭流放等違背倫理道德的行為，她也毫不推託。

謝氏歷經千辛萬苦，終究洗去冤屈，回歸正位。因謝氏的幫助而九死一生的丈夫劉翰林，亦在得知真相後處決喬氏，並與謝氏度過幸福的餘生，喬氏的同夥董清也走向悲慘的結局，故事以兩位人物的死亡作為惡人受罰的終結。

我總覺得不太對。愚昧無能的丈夫劉翰林被喬氏的言語所騙，害得妻子謝氏吃盡苦頭，使得家族陷入渾沌，卻未承受任何相對的報應，未有痛徹心扉的反省，也無聲淚俱下的道歉。

在作品的後半部，他反倒成了處決喬氏、恢復家族圓滿的正義審判者以及秩序維護者，妻妾問題的根源——父權主義與納妾制度——並未受批判。反而透過遵循父權主義的謝氏迎向幸福餘生的結局，深化了這項「美德」的地位。

雖然有一夫多妻制，卻沒有一妻多夫制；雖有許多壞後母的故事，卻少見壞繼父的故事。男人即使有了妻子也能娶妾室，女人就算死了丈夫也無法改嫁。因為繼父是不可能有的存在，因此也鮮有關於繼父的民間傳說或故事。在這個能自由結婚、離婚的年代，繼父比起繼母更常落人口舌，但在當時卻非如此，社會系統捏造出壞女人又懲罰壞女人，並提出女性生活的典範，若違反規則，便祭出必須付出的代價，迫以恐懼。

因此「女人的敵人便是女人」的架構，就是父權制度下的產物，媳婦們在過節時的爭吵就是範例，雖然不滿自己必須獨自承擔丈夫家祭祖的勞動，但發洩的對象卻通常是其他媳婦，而非夫家的家人。她們抱怨自己回不了娘家在廚房做事，為什麼其他妯娌卻可以那樣，然而父權制度的原罪在媳婦間的感情鬥爭下卻不見蹤跡。挑撥被支配者、阻斷團結的分化統治，是否就源自於家庭呢？

謝氏是個全然遵守父權制度的人，用現代話來說就是「有 sense 的女人」，為了防止家族香火斷絕，提議迎娶妾室的人也是謝氏，謝示被無辜趕出家中之後，去的不是娘家，而是公公的墳前。即使被男人拋棄，也對男人不離不棄的女人，謝氏是個徹底落實了朝鮮兩班貴族憧憬的角色。

〈謝氏南征記〉既不是社會轉型，也非批判一夫多妻制的作品，只是說明心存歹念會落得喬氏的下場，善良地生活就能跟謝氏一樣，金萬重透過〈謝氏南征記〉向當代女性傳遞了「人活著要用腦」的信號。

我問學生怎樣才算是「有 sense 的女人」，出現了親切、不會瞧不起人、不罵髒話、善良、善於稱讚、懂得傾聽、不追究男人的財產和外貌身高、結帳平分等答案。

綜觀這些回答，所謂「有 sense 的女人」在各方面都帶有父權制度與舊時代的影子，卻在經濟觀念追求現代與平等。也就是說，「有 sense 的女人」是為了讓男性維持有利的地位，甚至還想將既有的不利條件轉為有利，是充滿男性無止盡慾望的政治性用語。

若現在也適用一夫多妻制是好，還是壞？我原以為十多歲男學生臭屁的個性正能彰顯人類貪得無厭的心理，預期他們會想擁有大概三個老婆，原以為結果會壓倒性偏向贊成的一方，但反應卻是出乎意料，「跟好幾個女人生活是有錢人做的事吧？」「這樣對我們來說沒好處。」「那要出人頭地才行吧？這種事跟我無緣啦。」孩子們沉浸在滿滿的自卑當中。

預料之外的反應讓我措手不及，於是我轉移話題，問大家以女生的立場來看，結果會是如何。孩子們強調必須公平，如果男人可以跟好幾個女人共度人生，女人卻得在一個男人之下與其他人競爭，這樣並不公平。而且這麼一來，有些男人就必須孤老終生，也不符合公平原則。

《女權之聲：無懼年代》，別活在現代，活在歷史吧。

期末考結束後，時間一下就多了出來，我希望這段課程難以進行的時間，能夠充實地度過。《文學》教科書的前言針對文學教育的目標說明如下。

希望能透過間接體驗出現於文學作品中豐富的人生與領悟，拓寬觀察與理解人類與世界的眼光，以啟發自我人生，並學習與他人共存的態度。

我希望男學生們能至少透過間接體驗，認識平時無從得知的女性人生，以開展理解人類與世界的眼界，並因此能有助他們與女性共生。

放暑假前，我進行了觀賞以女性參政權運動為題的電影《女權之聲：無懼年代》，並撰寫心得的課程。就連內閣制的發源地——英國——女性的參政歷史也不到一百年，雖然現在想來可笑，但當時的英國男性認為，女性沒有投票權是理所當然的事。看完電影後，我們一起瀏覽其他觀眾在 Naver 網站上留下的評分留言，讀著讀著就能發現男性是對哪個橋段感到氣憤並留下一分的分數，這些人便是一群討厭「女性挺身對抗男性並提出要求」的人。

女性與男性擁有同等投票權是再基本不過的常識，以現代的標準來看，電影當中反對女性參政權的男性，都是些不理性的角色。有部分的「韓國男人」認為現在已超越性別平等，反而是男性受到歧視，但到了二十一世紀，女性們仍在要求性別平等，這兩種情況的差異是什麼呢？現在是對的，當時是錯的嗎？《女權之聲：無懼年代》出現的男性角色們，也跟現在的「韓國男人」有過一樣的想法呢。

國中時期，我曾在歷史課學到「萬積之亂[8]」與「亡伊亡所伊之亂[9]」，竟有身分階級制，真是野蠻的世界啊！我是如此嘖嘖稱奇。但在當時，這兩起民變都是特例，大部分的奴隸都認為身分階級制理所當然，即便廢除了身分階級制，也有許多奴隸對自己的去向感到茫然，並拒絕離開主子家。

當時的人或許對現實世界有所誤解，活在同個時代的人可能不知道此刻的常識在未來會被視為野蠻。不在美國生活的我們認為種族歧視實際存在，因為隔了一步之遙，不牽扯自身的利害關係，所以能客觀思考。相反的，有許多身在美國的白人認為這個時代的黑人與西班牙裔過得很舒適。白人的反向歧視情緒，也是讓川普坐上總統之位的巨大軸心之一。在鄰國日本，也有一個認為居日韓國人享有特權的組織，叫做「居特會（不容許居日特權的市民組織）」。

因為近在眼前而看不清的事物，性別歧視是否就是如此呢？我希望我的學生

---

8 高麗神宗時，由奴隸萬積所發起的奴隸解放運動，是首個以賤民階層主導的身分解放運動，為往後打破身分階級的起義帶來深厚影響。

9 高麗明宗時，因武臣掌權導致民不聊生，賤民亡伊偕同兄弟亡所伊為打破身分階級制度，集結庶民與農民所發動的起義。

觀賞完《女權之聲：無懼年代》，能客觀看待自己的人生，並從歷史的流動觀察我們生活的時代。我在黑板寫下「最後的光復軍」——金俊燁先生——所留下的一句話，結束當天的課程。

「別活在現代，活在歷史吧。」

「少女」的語意，竟然是「是人類」「非男性」「非成熟」

《閱讀與文法》課本中，有個叫做「單字理解與使用」的單元，是在學習所謂的「語意特徵」，這個單元的探索活動，要求學生找出組成單字語意的最少成分，並舉出了一個奇怪的範例，範例寫道「少年」是由「是人類」「是男性」「非成熟」的語意特徵組成的單字，而「少女」是由「是人類」「非男性」「非成熟」所組成，下一頁則說明「青年」是由「是人類」「是男性」「未婚」組成，「小姐」

是由「是人類」「非男性」「未婚」組成。

某些班的學生先一步提出題目帶有性別歧視，於是我在講解時也輕鬆許多。在毫無反應的班級，我便先問學生這是否帶有歧視？有些學生回答「是」，有些則認為是「老師太過敏感」。

把男性設為人類預設值的範例實在太多，要加入網頁會員或填寫個人資料時，男性在左邊，女性在右邊；播報新聞時，也是男性坐左邊，女性坐右邊；男性的身分證號碼為一、三開頭，女性為二、四開頭；我讀國中時，男學生的座號由一號開始，女學生由三十一號開始；在漢字當中，有代表男人的「男」字、女人的「女」字、兒子的「子」字，卻沒有代表女兒的漢字，而是由包含「子」的單字，如「子弟」、「子孫」概括女兒的意思。英語中並無敬語，因此看似比韓文更加平等，卻也以「man-woman、male-female、god-goddess、hero-heroine」的形式，把女性視為衍生的存在。這樣的例子積少成多，就會形成「男性更重要」的認知，深化以男性為基準的偏見。

《閱讀與文法》提到，韓文組成合成單字的特徵，便是把更重要、正向的事物放在前面，並以「善惡」、「強弱」、「大小」為例，或許就是因為如此，把男性和女性組成合成單字時，通常會把男性放在前面，如果調換順序便會有些奇怪，「父母」、「子女」、「夫婦」、「兒子女兒」、「新郎新娘」、「岳父岳母」、「兄弟姊妹」、「男女老少」、「紳士淑女」、「善男信女」、「一男二女」等單字便是如此。當然，也不是每次都把男性放在前面，當有辱罵、貶低之意，或是形容低賤、非人類、關於性的單字，就會把女性放在前面，丫頭小鬼、鬟僕、牝牡（牝為雌性動物，如牝雞、牝馬，牡指雄性動物，如牡羊、牡牛。）、雌雄、處女童子便是如此。

追究重要性、正面或負面是不中立的行為，雖然我們會說「南北關係」，但北韓則是說「北南關係」，究竟要稱「延高戰」還是「高延戰[10]」，也是延世大學與高麗大學爭論了數十年的問題。

《閱讀與文法》課本證明了韓國是男性中心社會，且男性被視為比女性更重要、更正面的存在。這並不是在強詞奪理，因為就連處罰職場內性別歧視與性騷擾的法律根據，都命名為「男女雇用平等法」，而非「女男雇用平等法」。

10 延高戰／高延戰：韓國的延世大學與高麗大學之間的體育校際年度錦標賽，約在每年九月中旬輪流由兩校學生組成的委員會主辦。另外每年五月會舉辦延高戰應援演唱會。延高戰始於一九五二年五月三十日，至今為兩校學生重要的校園活動之一。

第5章

對抗憎恨的方法

在男性多的團體中必須發聲的原因。

女性主義是女性人權運動，所以由身為當事者的女性成為主體是最好的。男性把自己定義為協力者（ally），幫助女性完成較難扮演的角色，是最有效的。男性要站在前鋒，不僅沒名分也沒道理，對著女性為多數的集團發聲，除了啦啦隊的作用之外，不具太大的意義。要是把女性主義當作徽章，掛在身上接近女性，沒有被說是「韓男的舉動」就不錯了。男性們若想發揮女性主義者的功用，就站在日常生活的最前線，與男性們對話吧！我的價值便是在此處閃耀。

雖然有些無可奈何，但男人的確很聽從男人說的話。就像中年男子到了餐廳會稱呼男店員「老闆」，卻對女店員喊「阿姨」，或是不管三七二十一就要求接電話的女性轉接給負責人。男性們好像下意識的給予同性更多的信賴，且認為男性所做的工作更有價值。雖然有些不好意思，但我也是受惠者，因為我的嘴巴長在男性的身體上，所以有更多人願意聆聽我說話，我的文章也因此被更多人閱覽。

如果我是女人呢？那大概沒辦法靠這種程度的功力和文筆出書了。不管我多張揚，都不會被人貼上「泡菜女」的標籤，反而會有人覺得「這傢伙算老幾，竟敢說這些」因此引起好奇心。而好奇心才是自主學習的意識根源啊！因為產生好奇，就代表你準備好想聽對方說話了。

一九八〇至一九九〇年代出生的女性，引領著女性主義重啟運動。隨著「兩個都嫌多，好好生養，一個就好。」「一個好女兒勝過別人十個兒子。」等口號出現，這個世代的女兒在家可是不輸兒子的掌上明珠，在學校裡更是出類拔萃。

她們受到的教育告訴她們，什麼都可能發生、什麼都做得到，要她們儘管大放異彩。但是出了社會卻不知怎地，人人都找女人倒咖啡、倒酒。因身為女兒而失去學習機會，因沒有經濟能力而依賴丈夫，最終成為一位失去自我的母親，她們決心不要過這樣的人生。

她們宣告不婚，她們拒絕生育，她們走進公共場合發聲。江南站殺人案件不過只是個催化劑，抵抗的氛圍早已醞釀綻放，這並不是自大狂妄的女性在製造紛亂，而是男性無法適應已經改變的世界。

最終需要改變的是男性。把自身的存在寄託在愛情上的他們，在艱苦抗爭的終點，得到多數異性戀者的同意，使同性婚姻合法化。黑人民權運動也透過動搖既得利益階層白人的想法，正慢慢實現。不論是用善意獲取退讓，靠力量使人屈服，或利用輿論施壓，少數非既得利益階層運動要成功，都必須改變多數既得利益階層的想法。

我正試圖說服在日常生活中遇見的男性們，這不容易，因為即使只是三十歲的人，想法便已經很難輕易改變，必須在腦袋還柔軟有彈性時出擊。十多歲的孩子比起成人擁有更卓越的感受能力，同時較無偏見並擁有強烈的正義感，有充分改變的可能性與改善的空間。老師只需介紹新的視角與不同的聲音，學生便能自行領悟，開出一條新的道路。我希望我們班上的男學生能成為溫暖而成熟的大人，希望他們至少不要聽見有人叫自己「老一輩」或「臭大叔」。

人類邁向平等的腳步永不停歇，既然那一天終將到來，那就張開雙臂歡迎它吧！不要再發生像埃米莉・戴維森（Emily Wilding Davison, 1872~1913）[1]一樣，為了爭取投票權而跳進賽馬場的遺憾。若想改變世界，便要從改變自我做起；若想要平等，那擁有更多的那一方勢必要承受不便。在韓國社會當中，男性便是既得利益者，請概括承受現在的不方便，並稍微鬆開手中的權益吧，男人的改變越多，就能越快迎向新的世界。

---

1 英國首位為追求女性參政權而喪命的人物。一九一三年六月四日，舉辦英國德比賽馬的時候，她跳進馬場並衝向比賽的馬匹，因此受重傷並在四天後死亡，事發當時，她的外套上寫著「Votes For Women」。於此五年後，英國在一九一八年賦予三十歲以上女性投票權，再於一九二八年賦予二十一歲以上女性投票權。

失準的標靶，以及憎恨所造成的左右派統合。

因為出生於IMF時期前後，所以長期生長在低成長、兩極化的社會；因為原封不動地受到新自由主義的影響，導致早期競爭內在化；在看不見未來與危機四伏的環境下，造就大量的實用主義者。

少年時期便接觸Ilbe文化，在充滿憎恨代號的聊天室與留言之間嬉鬧，對於「盧尾熊」、「腦師」[2]等Ilbe用語是再熟悉不過，瞧不起全羅道、嘲笑金大中與盧武鉉前總統，更是拉近同儕關係的活動。與十年前相比快了十年的步調，原本二十七歲才開始煩惱就業，現在十七歲就開始煩惱；原本十七歲才開始煩惱考大學，現在七歲就開始煩惱。把一起加入學測戰場的母親視為監視者、懲罰者、控制者，從小將罵母親的話任意掛在嘴邊。

多數人的國、高中都就讀男女混校，且女學生們的成績更好；媒體新聞大肆報導Alpha Girl[3]熱潮，表示男學生被女學生「比下去」；政府在自己正喜歡打電玩的年齡開始實施停機制度[4]；女性家族部燃起了本不該有的使命感；要怪就怪自己生在科技強國，所以從小就能接觸色情媒體；如果對國文的理解力能高於物化性別的理解力，那還真是不幸中的大幸。從幼稚園到高中都遇到女老師，女性擔任上級、掌權者的現象一點都不奇怪；從小到大所看到的世界，都不曾出現女性的社會弱者，為了讓弟弟讀書而叫姊姊去工廠工作的故事，就像身分階級制度與朝鮮時期的故事一樣遙遠。

對二十多歲的人來說，保守這件事，比起理念更像是生存法則，在對自己沒

---

2 原文為「노알라（코알라無尾熊）」、「슨상님（老師，韓國人對稍有名望地位的人會敬稱為老師）」。前者始於韓網民將盧武鉉與無尾熊的照片合成並加以流傳；後者為老師的全羅道方言發音，皆為ilbe網站上常見的嘲諷用詞。

3 取有最佳、首位之義的希臘文字母之首「α（apha）」，以及女性的英文「girl」所組成的單字，指有自信並積極追求成就的女性。

4 禁止在深夜時段讓未滿十六歲青少年使用網路遊戲的制度，在子時便會切斷網路連線，也被戲稱為「灰姑娘法條」，女性家族部是為法條推動的主管機關。

有損失的狀況下，他們看似願意進行改革性思考，但即使一丁點變化都會危及自己的生存，所以又矛盾地拒絕一切變化，這就跟雖然討厭現在上班的公司，但在下個月的生計得到保障前不敢妄想離職是一樣的原理。越是低所得階層，越認同現行體制；越不受制度保障的人，對制度有越大的憧憬，也是因為這個理由。

有許多男性害怕自己難以承擔社會普遍認定的「一人份的責任」，他們比自己的父親更努力地生活，卻沒辦法像他們賺到那麼多錢或跟女人交往，好不容易突破就業難關，找到的卻是一份薪水低、工時長的工作，雖然父親也說他們年輕時過得不輕鬆，但他們至少還擁有希望，相信明天會更好。失去這樣的希望後，也喪失了努力的目標。

他們需要一個理由，來解釋這個再努力也無法改變的現實，比如「周圍太多優秀的女性了」或「父親那一輩不曾這樣」之類的理由。雖然有數據（經濟活動參與率、雇用穩定性、性別薪資差距、平均工作年資、性別職位分布）能顯示男女性之間究竟誰處於經濟弱勢，但數據結果與他們的心理感受有所差距，因此他們不願相信數據。比起看不見的社會結構，他們選擇將怒氣發洩到眼前可見的女性身上，「女人只要長得漂亮就能成為國考三冠王？」「我們男生這麼辛苦，但女生只要長得漂亮就行了？」這些憤怒全由「泡菜女」概括承受。

面對「泡菜女」的兩種態度，既是嚮往也是憎恨，這樣心態分裂的根源，來自被社會淘汰的恐懼。在男性獨佔資源的社會之下，女性的競爭力來自外表與身材，同時，媒體也煽動男人講求能力、女人追求外貌的觀念，在我們的幻想當中，並不存在其貌不揚的「泡菜女」。

就是了解實情才讓人痛苦，即使我們對那些「吸男人血的女人」指指點點，卻又忍不住羨慕那些跟美女交往的男人，把無法實現的慾望變得一文不值，心裡就好過多了，這就是所謂的酸葡萄心理。

「我把不到的泡菜女，都是些廉價的女人」，這些人需要能看清現實的雙眼。

我們必須在生命中累積經驗和成就感才能釐清，我們之所以活得不如父親那一代，問題出在時代與階級，而不是女人，我們瞄準的是錯的靶心。

「今日的幽默儲藏所（以下稱今日的幽默）」與「Ilbe」分別代表進步與保守的網路社群，他們在每一件尚未解決的社會議題上，一直都站在相對的立場。二〇一六年七月，進步派論者陳重權在〈每日新聞〉表示，自己也是「我也是Megalian」的論壇使用者，並批判韓國男性攻擊女性主義的卑劣心態，接著便有數名進步派知識份子跟進，指出韓國社會根深柢固的仇女現象。今日的幽默表示，沒想到曾經信任的陳重權會發表這種言論，同時發起「#我也是Ilbe」的主題標籤作為反擊，在反女性主義的戰場上，今日的幽默與Ilbe第一次站在同一陣線，他們互訪對方的社群、彼此寒暄，並把兩方的聯合喻為國共合作，展現了驚人的自我意識。

隔年，以演員劉亞仁的「櫛瓜事件[5]」為起源，今日的幽默與Ilbe又再度連成一氣，一直以來，因進步傾向的社會言論被Ilbe視為標靶的劉亞仁，在推特與女性主義者展開口水戰之後又成為了Ilbe的偶像，是不是很驚人？不論哪位政治人物都無法達成的左右派統合、化解理念矛盾，竟透過女性主義實現了。

歧視的歷史淵源。

為何會有民族歧視？我決定放膽地回答，因為白人社會發展於優越的地理位置，且經濟與軍事能力都壓倒性勝過黑人社會；為何同性戀者會遭受攻擊？因為在人口數等同國力的時代，他們無法繁衍人口；為何左派會受到壓制？因為韓戰

5 二〇一七年十一月，有一名網友在自己的推特發文，認為劉亞仁「從二十公尺遠的距離來看是一位好人」，另外再補充，將他譬為冰箱內僅存的櫛瓜，當你靜靜看著他，他便會對你說「孤獨是什麼呢？」再對你皺皺鼻子。劉亞仁以「有被櫛瓜打過嗎？（皺鼻）」回覆此推文，卻因此引來大量「暴徒」、「韓男」等批判，並展開為期超過十天的留言戰。他統稱這些攻擊他的行為是「Megalian 的行為」，而他區分「真女性主義」與「假女性主義」的舉動亦引起紛爭。

的陰影，以及朴正熙的南朝鮮勞動黨自卑心理。所有歧視都有其歷史淵源，人們輕視勞動工作的根源，來自於性理學的士農工商文化；人們歧視全羅道的理由，來自韓國現代史輾轉造成的地域情感。所有受歧視的族群皆非社會主流，他們都屬於少數，或力量、財力不足的一群，雖然這麼說像是在開玩笑，但他們就是因為處於弱勢，所以才成為弱勢。

舊石器時代的人類靠狩獵與採集維生，難以維持穩定的營養來源，為了降低生存的不確定性，就算只找到一人份的糧食，也能人人糊口，因此以聚居的方式生活。新生兒問世後，即使不清楚生父是誰，卻能確定生母身分，因此共同體生活便發展為母系社會。與女性的採集工作相比，男性負責的狩獵工作更常一無所獲，女性不論在生產或經濟能力都占上風，人類約有七十萬年的歷史是以女性為中心。

一萬多年前，新石器革命的發生翻轉了歷史，農耕畜牧業的生產力是由身體的條件決定，男性展現了實行勞動的優勢，地位也隨之上升。聚居生活解體後，共同體轉以家族為單位，定居生活使得物質過剩，人們就著多餘的物資展開勢力鬥爭，權力、排序、位階也相應而生。隨著氏族社會轉為部落社會，君長國家[6]轉為王權國家，戰鬥力的重要性也節節上升，男性的戰鬥力遠高過女性，也加快了男性獨佔資源的速度。

工業革命後，工作場所由農場轉移至工廠，雖然就像過去狩獵一樣，男人需要離家工作，但這次卻出現了極大的變化，這一次女性也一起上場了。操作機器不像農耕一樣要求大量的體力，隨著產業化程度的提升，體力需求便逐漸減少，在智力成為創造附加價值的主要條件後，歷史也再度被翻轉，女性開始要求與男性同等的待遇，並一一收回被男性奪走的權力。

過去一萬年裡，人的命運藉由生產能力與掠奪來決定，生為女性的那一刻，妳便注定與世界不睦。世界認定妳是負責做菜、生小孩、照顧家人的次要角色，

6 君長國家類似「酋邦」概念。

並只保障男性的財產權與參政權，近來常被舉為反向歧視的例子──當兵──在過去也是只有男性才能享有的特權，女性是男性的私有財產，沒有有能力擔下國防此等神聖的重責大任。

法國革命雖是近代市民的一大躍進，卻忽略了一半的人類，自由、平等、博愛等高尚的精神，對女性而言連形式都蕩然無存。勇敢地主張「若女性有權走上斷頭台，便也該有權走上演講台」的奧蘭普・德古熱（Olympe de Gouges, 1748~1793）[7]在走上演講台之前，便命喪斷頭台。一二一五年，在蒙古侵略高麗王朝之前，英國約翰王便已通過《大憲章[8]》，立下立憲主義根基的英國，被稱為民主主義的始祖，但就連這樣的國家，也直到一百年前才保障女性參政權。

兒子們因女學生而無法生存，家長們因此鬧成一團，有不少家庭為了保住排名而把孩子送到男校。不論哪一所國小、國中或高中，女學生的學習能力總是優於男學生，她們佔據各類考試的榜首已非新氣象，就連只開放十％錄取名額給女性的陸軍士官學校，入學榜首與畢業生榜首也都由女學生拿下。有些人以此作為男女地位逆轉的根據，甚至開始有人主張雇用與升遷時，應採取男性保障名額而非女性保障名額。「女性比男性更會讀書的社會，就是女性占上風的社會。」這是適當的主張嗎？但是現實是相反的，在學校表現優秀的女性，出社會之後卻無法發揮自己的能力，這就是社會陷女性於不義的證據。

在男子高中傳播女性主義。

我們常說「青春正美好」，然而青少年們並不同意，穿著悶熱的制服，背著

---

7 十八世紀末的法國市民運動家暨女性主義者，在一七九三年十一月三日於法國革命廣場斷頭台遭處決。「若第一位站上斷頭台的女性—瑪麗・安東妮—是舊體制的象徵，那麼第二位女性救世主，便象徵革命必須達成的新體制。」（崔潤弼 暫譯）。她在法國革命當時，提出亦應賦予女性參政權的革新主張。

8 明訂國王可行使權限的公文。《大憲章》限縮了國王的絕對權力，所以有人認為這是英國民主主義的起點，但這在當時僅是主導此事的貴族為強化自身權利，而撰寫的封建主義條文。

沉重的書包，匆匆忙忙地走在路上，究竟哪裡好？有多少事情因為年紀小而做不了，同一件事情由十幾歲的人來做，就被說是胡搞瞎搞，僅僅是因為身分就被罵是件多悲哀的事情，大人是不會懂的。

要成為社會的弱勢也不難，不能做的事情比能做的事情多，以身分為由被限縮自由，這就是社會的弱者。從這個層面來看，「年輕人真是⋯⋯」和「女人真是⋯⋯」這兩句話真是有異曲同工之妙，受迫害者便能互相理解，這也是十多歲的男性比起成人男性能夠更快體認女性主義的原因之一。

我常告訴學生，大家太過重視男性這個主體性，聽見「江陵人好奇怪」、「明倫高中的學生好怪」、「校洞的居民好奇怪」時，大家覺得事不關己，卻在聽見「男生好奇怪」時大發雷霆。那是因為大家認為身為男性有著重大的意義，當大家聽見身邊的女性訴說為男人所傷的故事時，比起給予感同身受的共鳴，通常會先生氣地說：「不是所有男人都會這樣。」也是出於這個原因，不先體諒對方的心情，卻將情感投射於不認識的男人，這就是過度在意自己身為男性的證據，我們必須先放下這個包袱，才有辦法客觀看待一切。

在某些人的想像裡，我在學校是一位「正義魔人」，他們覺得我會帶著極度堅定的信念，竭盡全力在校內傳播女性主義，到處與人爭論，但全然不是如此。我尋找與男學生們談論女性主義的時機點時，總是小心翼翼、隱隱約約地帶過話題，就好像我在談戀愛時，想牽老婆的手那般提心吊膽的心情。我身為一位國文老師，絕對不曾在上課時唐突地提出：「各位，我們今天來談談性別薪資差距的問題吧！」

大部分的女性主義教育都是透過課程銜接，但這需要教材內容的幫助才得以實行，最近一次提及女性主義的課程，是「把政治不正確的表現改寫為政治正確的表現」[9]的小組發表，我讓學生發想可替代殘障、疾病、性別、職業、人種等領

9 原文為ＰＣ，是「Political Correctness」的縮寫，不使用帶有歧視與偏見的語言，並盡量以中立的其他用詞代替，就是所謂的ＰＣ運動。

域中，帶有歧視意味的新用語，當天學生發表了「處女作↓首作」、「外家↓娘家」、「信用不良者↓低度信用者」、「不良少年↓特殊行為少年」等用語，而這個課程得以進行，是因為《閱讀與文法》課本中「單字的形成」單元裡，有個「改寫歧視用語」的學習活動。

接下來的單元是在學習時態、被動、使動、中世紀韓語等等，這些主題就幾乎沒有能作連結的內容。雖然想說的話、想介紹的影片、想讓大家讀的報導還堆積如山，但在沒有脈絡連結的狀況下，我也只能耐心等待，若是貿然提出，反而會造成孩子們的反感。

想達到效果就必須以孩子們為出發點，而非以自我為思考中心，在時機來臨之前，就是我努力準備資料的時間。最近孫雅蘭[10]作家在《改變世界的十五分鐘》當中，利用歧視費用分析反向歧視的影片[11]令我印象深刻，我想著之後一定要讓學生看看，已經把影片存進教材伺服器了，能連結的脈絡快出現吧，我隨時準備好要出擊了。

我常和學生閒聊各種大小事，學生也覺得我的課很自在，常在課堂上即興「丟梗」，這是身為年輕老師的特權。偉大的佛洛伊德曾說，人類的真心總在口誤當中顯露，越是下意識脫口而出的話語，就越是內心深處的想法。我總是盡力傾聽，若發現這是顆好球，便以最快的速度揮棒打擊，最近也有一次成功回擊的經驗。

某些班級近來流行以母親的名字稱呼同學，舉例來說就是不叫我「乘範」，而是以我母親的姓名「恩熙」來稱呼我，我當下立刻介入他們的對話：「同學，你剛剛叫了媽媽的名字吧？為什麼這麼做呢？」教室馬上陷入沉默，因為他們雖然不知道老師接下來要說什麼，但知道隨便說出朋友母親的名字並非恰當的行為。

教室的氣氛降到冰點的時刻，學生的專注度是最高的，他們會用盡每個細胞回

10 韓國小說家兼嘻哈饒舌音樂人。

11 影片中提到，男生覺得有反向歧視，其實是因為他們迫害了女性的平等工作環境，讓女性沒辦法賺到一樣的錢，所以男性才必須負擔更多的花費。歧視越嚴重，男性付出的經濟代價（花費）越大。

應我所說的每句話，我問全班同學：「為什麼不叫爸爸的名字，而是用媽媽的名字？什麼理由都沒關係，但必須誠實回答。」於是一名同學回答了：「叫爸爸的名字不會讓人不開心，但叫媽媽的名字會。」於是我再問：「為什麼被人叫媽媽的名字會覺得不開心？」孩子們回：「因為媽媽對我來說，是最珍貴的人。」「因為媽媽為我而犧牲。」「別人可以說我爸爸的不是，但就是不能說我媽媽，沒有為什麼。」

我開始說明：「沒錯，老師觀察自己的家人時，也覺得媽媽比爸爸犧牲更多，我也覺得我媽媽很可憐，媽媽的生活很累，對吧？」孩子們的臉色變得非常沉重，腦中應該是浮現了母親的臉龐。我內心雖想帶著學生從「媽媽怎麼過得那麼辛苦呢？」「為什麼不求回報的對我好呢？」這些問題，直奔到綜觀女性人生的那一關，但我並未那麼做，因為欲速則不達。

我打算從現在起，試著慢慢與學生們分享母親的故事，我相信要讓男性成為女性主義者，第一步就是要讓他們對母親的人生感到自責，並且這份愧疚感並未將他們導向壓榨妻子的那條路。

應對學生責難的方法。

那是今年夏天的事了，我在午餐時間時去了趟圖書館，我正在找書，卻聽見一年級的學生在對面書架的對話。

那是一群聽聞新書入庫而前來的學生。我申請的女性主義書籍，也占了當月新書區滿滿的一角。

「我們的圖書館怎麼有那麼多這種書啊？」

「好像是教二年級那位個子很高的國文老師申請的耶？」

「聽學長們說，那位老師是 Megalian。」

「他不就是發世越號徽章的老師嗎？感覺是個好人啊。」

「應該是有他個人的理由吧。」

「人們不聽對的人說話，而是聽好人說話。」這是出自崔圭碩的網路漫畫〈錐子〉的台詞，學生也是如此。他們不聽聰明的老師說話，而是聽好老師的話，想教學生女性主義？淵博的知識與大量的範例雖重要，但在這之前得先成為一位好老師，這樣學生才願意打開耳朵聽你說話。要成為一位好老師沒有想像中困難，只要像對待教師同事那般尊重學生就行了，尊重學生不難，那不足掛齒的自尊心才真是道難題。

有些人認為老師尊重學生立場、遵循學生的意見，就叫做「被學生牽著鼻子走」，那些被困在古板的系統、僵固的學校文化，被埋沒在過去的老師就是如此。他們深深地誤會了，學校不是叢林，學生也不是野獸，不是需要壓迫或牽制的對象。知識與年齡或許有上下之分，但人格與人權並沒有，我們必須尊重意見、保持禮儀，不肆意發言並用心聆聽，才能成為一位好老師。放下管理者、監視者、懲罰者的態度，就可以更貼近學生。放下身段、互相交流是第一要務，即使是令人不悅的訊息，若是透過熟人或熟悉的管道傳達，便不會輕易受到反彈。

並非所有學生都沒有怨言，我在今年的教師評價也收到了「老師太常幫女生說話，有時會讓人不開心。」的回覆，雖然有些難過，但他們的確可能有這種感受。這群孩子不曾徹底享受過性別權力，也完全沒有經濟權力，在這個年紀，他們有過更多的，是受壓迫的記憶，我打算體諒他們的痛苦並給予共鳴，在成人—青少年的關係下，我坦率承認自己屬於加害者的一方，也對自己身為老師，也是欺壓學生人權的一份子表達歉意。

但我想告訴他們，在男性—女性的關係之下，我們男人不論在文化或社會層面都享有性別權力。我向他們解釋，我們不因夜歸而感到害怕、不對針孔偷拍感到恐懼、不受令人不悅的言語與肢體接觸冒犯、不被限制服裝衣著，光是少了這些，我們的生活品質便有極大的提升。我問他們，是否疑惑每間學校都是女性教師居多，但為何校長與主任卻多為男性？也告訴他們，若他們不敢對男老師說的話、做的行為，面對女老師卻是肆無忌憚，也是一種性別權力的表現。

我想不斷地告訴他們，或許自己問心無愧，但男性經常是迫害女性的加害人，而女性無法從外表判斷誰才是加害人，所以才會對所有男性都保持警戒。因此，如果哪天自己也跟著被罵了，我們不該發洩在女性身上，而是該對「那些男人」憤怒，這才是符合道德與正義的行為。

雖然很難要他們當下就接受這些想法，但我相信他們這輩子活著，總有一刻會想起我說的話以及看過的影片，就算我上的課不在此刻發揮效果也沒關係。一點一滴累積在潛意識的內容，終將有所斬獲，即使一次只能改變一個人的想法，也已達到充分的價值。

如果有一天，我的學生遇見了跟我所言相似的人，希望他們能想起我，並說：

「以前我國文老師也說過這句話。」若他們遇見相對的立場，希望他能稍作佇足，並和對方解釋：「我們老師說過另一種看法。」

要如何召集夥伴？

我身邊偶爾會出現一些散發女性主義者特質的老師，當我察覺時，便會送對方一本書，最近送出的書籍有《八二年生的金智英》、《敏感一點也沒關係[12]》、《我希望你繼續不自在[13]》、《每次爭吵就更加清晰[14]》；我偶爾也會推薦電影，到了放暑假之際，我便傳簡訊四處宣傳《女權之聲：無懼年代》是部有趣的電影；三月八日世界婦女節，我把玫瑰造型的巧克力送給全校的女老師，還有幾位人權

12 原著書名為《예민해도 괜찮아》。
13 原著書名為《당신이 계속 불편하면 좋겠습니다》。
14 原著書名為《싸울 때마다 투명해진다》。

感受度較高的男老師，並在背後貼上介紹婦女節的短文，也在教師群組分享有意義的影片與令人深思的報導。

目前我的雷達偵測到兩位男老師。我的目標一直都是男性，他們一定全然不知自己就在我的偵測範圍裡。我當時將「創立二〇一九年讀書會」作為個人目標，正在努力的籌備當中，他們兩位都是人權感受度高，又尊重學生的老師。

懂得尊重學生的老師，也就是準備好傾聽弱者聲音的人，對其他種類的歧視有較高感知能力的人，通常容易察覺性別歧視，也較能體會女性的痛苦，願意全盤吸收女性主義語言的可能性就比較高。

我在學生當中也看見幾位可造之材，總有幾位學生能意外察覺出同學難過、寂寞的情緒。這位學生無法忽視有難的人，他在街上看見賣橘子的奶奶，便跟她買橘子；看見有人在公車站乞討，便掏出幾個銅板，蘊含人道主義精神的學生，通常比較容易接納女性主義。雷貝嘉・索尼特曾於她的作品《女人總被問相同的問題[15]》提到，黑人男性比起白人男性更理解女性主義，曾被歧視的人就更懂得何謂歧視，性少數者與女性主義者的聯手、女性主義者當中存在許多素食者，都是很自然的現象。

我在校外與青少年們組成讀書會，每個月讀一本書，一年共一起閱讀十二本書，這十二本書當中有兩本是女性主義書籍，決定每月讀物這件事要比想像中困難，因此我常趁大家猶豫不決時，果敢快速地推薦。作家恩流的《每次爭吵就更加清晰》在二〇一七年度書籍投票拿下了冠軍，書籍介紹欄寫著「工作、戀愛、結婚，每段故事都令人心酸的女性談話」，閱讀這本書的那四個禮拜，有好幾人都為之落淚，並脫胎換骨轉為鬥士。

二〇一七年八月開始，江陵地區舉辦了守護和平少女像[16]的「和平燈塔」活動，

---

15 原著書名為《여자들은 자꾸 같은 질문을 받는다》。
16 慰安婦少女銅像，象徵二戰期間，日軍慰安婦的受害者。

這個活動會在每個星期三拍照，並且每月舉行一次週三集會，這成了反思國家暴力、戰罪、父權制度以及女性人權的極佳契機，相較於其他的市民運動，這個活動的大眾性高，加入門檻也較低，因此可以認識許多新人，我想藉此認識更多人，召集更多夥伴，因為我們越是連結，就越加茁壯。

與其選有利，不如選有益。

我身為男性，維持父權制度、保持世界不變，對我來說可能更有利，生在就算不賺一分錢，但只要不打老婆就能被當作好男人的爺爺輩時代，對男人來說或許更悠哉；生在隨心所欲盯著女性的身體、批評她們的外表，口無遮攔也不會有人多說一句的父執輩時代，對男人而言或許更自由，這樣的情景並非陳年舊事，以拍女職員的屁股當作開啟一天的例行公事，不過是三十年前的職場文化。

最近我常幫學生做升學、成績諮商，大家都懷著符合個人色彩的夢想，我們班雖不超過三十人，但卻出現軍人、警察、消防員、護理師、廚師、美髮師等各式各樣的夢想。回想起在女子高中教書的時光，就發覺男學生的夢想職業出路要比女學生廣泛多了，就像大家常說「女生除了○○就沒有其他工作選擇了」，卻不會說「男生除了○○就沒有其他工作選擇了」一樣，實際上，男學生在選擇職業時，的確比女學生更自由。

即使是玩笑話當中，也不存在「男人和明太魚乾每三天就要打一次[17]」、「公雞啼會導致家破人亡[18]」、「三個男人話破盤子[19]」等說法；陪孩子長大的卡通，也沒有奮發向上的女主角拯救男主角的劇情。男人執著於一件事情叫作有毅力，

17 原句為「女人和明太魚乾必須三天打一次」，明太魚乾要經過拍打才會更好吃，衍伸的意思是女人需要管教才會聽話。
18 原句為「母雞啼叫會導致家破人亡」，意思是女人當家都沒有好下場。
19 原句為「三個女人話破盤子」，指女人多話的意思。

女人的執著叫作固執；男生爭吵時，我們說他們「邊吵邊長大」，女人吵架就成了「女人互相為敵」；男人個性兇悍是有魄力，換成女人就變成強勢；男學生發脾氣叫做生氣，女學生發脾氣卻說是鬧彆扭，我們真是從小就學習把女性特質歸為既消極又負面的一類。

男性雖與女性接受同等的教育，但意識的成長卻不及女性，因為老一輩所留下的行為模式就埋藏在生活各處，連二十一世紀出生的孩子也看著男性為主、女性為輔的漫畫卡通長大。兒童界的偶像「淘氣小企鵝 PORORO」的十一位人物當中，只有兩位女性角色，甚至這僅有的兩個角色還穿著淺紫、粉紅色服裝登場，負責幫男性角色收拾殘局、做料理。

女孩子從小就在廚房看頭看尾、幫忙端菜，為什麼呢？因為成年女子也都待在那裡。男孩子從小就在房間玩、看電視，飯菜準備好了就坐到飯桌來，為什麼呢？因為成年男子就是如此。女孩子幫忙擦餐桌，我們便稱讚她們乖、說她們從小就懂事，那如果男孩子這麼做呢？雖然不會像以前一樣對他們說：「這樣小鳥會飛走喔。」卻也不會像稱讚女孩子那般稱讚他們。由乖孩子情節——有sense的女人框架——母性意識所結成的鎖鏈，將會把女性的一生禁錮在父權制度之內。

曾經有段時間，身分階級歧視、人種歧視、性別歧視都是理所當然；曾經有段時間，會因為左撇子、髮色不同、生病而遭受歧視；曾經有段時間，眾人把單身女子當作女巫，施以火刑；把結核病視為魔鬼附身，執行拷問；認為心理疾病是惡魔的詛咒，因此奪走他人性命。

在恐懼與瘋狂支配的世界裡，沒有人能過得幸福，歷史發展以來，皆朝著擴大平等權、保護少數的方向邁進，女性是歷史最悠久且為數最多的弱勢族群，若忽視這個問題，所謂的平等與和平都不得存在，讓我們看往遙遠的未來，維持長久的生息，不選擇有利，而是站在有益的那一方。

後記

為了一起在地獄中生存

女性主義鼓譟地球村各處的二〇一七年，我的工作場所仍是一片寂靜，這是因為校園要求政治中立嗎？還是鄉下私校對社會變化較為遲鈍，所以反應有所極限呢？若也不是這個原因，難道是因為這個團體充斥男學生與男老師，所以事不關己嗎？同樣是教育界，女性主義教師與國小性平研究會的議題正吵得沸沸揚揚，我所在的地方卻如此靜默。

現在跟我一起學習女性主義的男高中生們，有一半以上來自男子國中。一直以來只跟同性生活的學生，若是不了解女性的人生似乎也是人之常情。但就算如此，不了解也沒關係嗎？就連二十一世紀的國文課本，都寫著「明確而命令式的口吻為男性化語調，緩和沉著的口吻為女性化語調。」接受這種教育的學生並無法顛覆上一代的思考模式，他們會說男生就該保護女生，真正的男人不會打女人，認為女生注重外表，男生注重能力，所以應該要多賺錢，並且為了成為一位好配偶，所以要多「幫忙」做家事。

每年全國中小學及高中都會實施性交易與性侵害預防教育，雖然這是法定義務，但多數學校都只是為了紀錄而拍拍照、做做樣子，或許正因如此，即使請專家到學校進行熱烈的演講，也很難讓學生認知到這段時間的意義。把數百名學生塞進偌大的禮堂聽演講，要他們專注接收訊息有一定難度，面對講者真摯的提問，學生調皮的回覆甚至可能引起反效果，雖有人基於前述情形建議，建議相關機構可以仿效身心障礙理解教育或團體諮商，以一間教室一位老師的形式實施，卻得到現階段窒礙難行的回覆，這讓我感覺政策制定人士似乎把性認知、性平教育的順序排在相當後位。

就長期計畫而言，我希望女性主義能成為公共教育的義務項目，我們需要像瑞典一樣，將《We Should All Be Feminists》發給全國十六歲高中生的全國性性別平等教育，若教育能介入，只需要少量的費用便能預防巨大的社會矛盾。

在進行女性主義教育的過程裡，我從學生們的變化獲得了希望。在聽見同學說：「結婚後要多幫忙做家事」時，會有學生跳出來說：「不是幫忙做，而是一起做。」不僅有許多學生高聲倡導不該歧視殘障人士，甚至還有學生會反問：「殘障這個詞不也是種歧視嗎？」看見同學批評性交易的女性：「怎麼能出賣自己的身體？」其他同學便會指責他：「不知道別人的苦衷，不能妄下定論。」我相信這些學生將會長成一群不任意批判他人的成年人。

燭光政府最引起熱議的話題就是清算積弊，積弊的時間範圍短則從九年前，長則從解放時期開始計算，所得不均、權威主義、政商勾結、政治反感、成長萬能主義、地域情感、學歷主義等，有無數必須打破的陋習，需要花多久的時間、投入多少資源才能成功「將不正常給正常化」呢？真是難以估計啊。

父權制度所產出的積弊有多長的歷史呢？就算只追溯短期，也長達數百年，若想回溯歷史淵源，是否要從新石器革命開始計算呢？習慣成自然，讓人無法察覺的積弊，它的範圍所及將超乎我們的想像，性別歧視的歷史與人類史共同發展，它緊抓住我們意識的根，無時無刻管束我們的思考、統治我們的行為。

在韓國，婚姻也是家族之間的連結，即便在婚前能維持獨立生活個體，但是在結婚後，有人會評斷你是否盡到妻子或丈夫的職責，身為家族的一員，更會被要求做好各種角色，由婚姻發展出的人際關係與其間的緊張感，更是不容小覷，我身為已婚男子的資歷雖短，卻已經歷過幾次所謂在韓國當丈夫容易、當妻子難的狀況。

在太太朋友的口中，我算是一位不錯的丈夫，因為我會賺錢也會做家事、不菸不酒，並且一下班就馬上回家，我太太也符合前述相同條件，但我身邊的朋友卻沒有因此稱讚她是位好妻子，男人只要做到基本條件就能被稱讚，當個丈夫還真容易。

別人時常問我有沒有人幫我煮早飯，這個問題一年大概會被問超過二十次，一開始我會解釋，自己結婚不是為了找人幫我煮早飯，但接下來的你一言我一語實在令我不堪其擾，所以最近我便只答：「有。」以結束話題。我問太太是否常被問這個問題，她噗哧一笑，說自己只有被問：「妳有沒有幫丈夫煮早飯？」當個妻子還真困難。

太太以「小叔」稱呼我的弟弟，我也以「小姨」稱呼她的妹妹，岳家的人總說，姊夫和小姨要如此見外到何時，要我別再用尊稱，但卻從沒聽過婆家的人問我太太，為何還對家裡的晚輩使用尊稱，明明兩邊都是配偶的弟弟妹妹，這還真奇怪。

在婆家吃飯時，由我母親負責做飯、我太太負責洗碗；在岳家吃飯時，由奶奶負責做飯、我負責洗碗。沒有任何婆家人認為我太太洗碗是一件奇怪的事，但岳家人每次看見我洗碗卻總是大驚小怪、坐立難安。把媳婦當女兒、女婿當兒子的話，在離開婚禮會場後也應該有效，兒子說要洗自己家人的飯碗，我們沒有阻止的理由。

我在寫稿時，腦中不斷浮現三名女性——母親、太太與女兒——我透過母親的人生學習女性主義，寄生在她身體裡十個月，受她數十年的照顧，等我出生後，她便失去姓名，以「乘範媽媽」的身分而活，我看著一輩子犧牲自己以支撐家庭的曹恩熙女士，我明白了，自己不僅是父權制度的受惠者，同時也是加害者，甚至是這個意識形態的同謀，明年母親就是花甲之年了，正是適合擺脫拘束的年紀，兒子將全力以赴。

自從學到女性主義後，我就四處宣傳：「結婚只對男生有好處，女生只有吃虧的份。」但即便如此，我也結了婚，並有即將出世的孩子，雖然太太常聽見身邊的人對她說，遇見一個是女性主義者的老公一定很幸福，但我有自知之明，所以對她總是感到既感激又抱歉，我會努力成為言語文章與行為一致的伴侶，更重要的，是讓她以金惠英之名而活，不讓家庭成為她的枷鎖。

我沒想到寫書會是一件這麼辛苦的事，我常常說自己誤上賊船，嚷嚷著後悔這個決定，但我想著即將出生的女兒，便打起了精神，我不會用粉紅色與蝴蝶結困住她，我要幫助她在性別中立的環境下長大，願她能活在一個不用因為是女性而退讓拘束或放棄夢想的世界，作為一個有尊嚴的個體一路成長，希望這本書能成為打造這樣世界的一小塊磚。

我是男生,也是女性主義者 / 崔乘範作 ; 龔苡瑄翻譯.
-- 初版. -- 臺北市 : 日月文化, 2020.07
面 ; 公分. -- (社科苑 ; 2)

ISBN 978-986-248-889-8(平裝)

1.女性主義 2.性別研究 3.文化研究

544.52 109006733

社科苑 02

我是男生，也是女性主義者

作　　者：崔乘範
翻　　譯：龔苡瑄
編　　輯：邱曼瑄
行銷人員：陳品萱

內頁製作：唯翔工作室
封面設計：蕭旭芳

發 行 人：洪祺祥
副總經理：洪偉傑
副總編輯：曹仲堯
法律顧問：建大法律事務所

出　　版：日月文化出版股份有限公司
製　　作：EZ叢書館
地　　址：臺北市信義路三段151號8樓
電　　話：(02) 2708-5509
傳　　真：(02) 2708-6157
網　　址：http://www.heliopolis.com.tw/
郵撥帳號：19716071日月文化出版股份有限公司

總 經 銷：聯合發行股份有限公司
電　　話：(02) 2917-8022
傳　　真：(02) 2915-7212

印　　刷：中原造像股份有限公司
初　　版：2020年07月
定　　價：350元
I S B N：978-986-248-889-8

저는 남자고, 페미니스트입니다